www.ingramcontent.com/pod-product-compliance
Lightning Source LLC
LaVergne TN
LVHW050952051026
849532LV00005B/1807
* 9 7 8 9 3 5 8 7 2 8 6 9 9 *

الفاظ کے وارث

(مضامین)

سید خالد قادری

© Syed Khalid Qadri

Alfaaz ke Waaris (Essays)

by: Syed Khalid Qadri

Edition: March '2024

Publisher :

Taemeer Publications LLC (Michigan, USA / Hyderabad, India)

ISBN 978-93-5872-869-9

کتاب : **الفاظ کے وارث** (مضامین)

مصنف : **سید خالد قادری**

پروف ریڈنگ / تدوین : اعجاز عبید

صنف : تحقیق و تنقید

ناشر : تعمیر پبلی کیشنز (حیدرآباد، انڈیا)

سالِ اشاعت : ۲۰۲۴ء

صفحات : ۶۲

سرورق ڈیزائن : تعمیر ویب ڈیزائن

فہرست

الفاظ کے وارث

یہ تحریر لفظ یا زبان کے وارثوں کے ذریعے کسی بھی عہد میں قائم کیے جانے والے اُس ڈسکورس سے متعلق ہے جو عصری سماجی اور سیاسی نظام کو حسب حالات Reinforce بھی کر سکتا ہے اور Subvert بھی۔ اس کا وقتی محرک " اردو ادب دہلی۔ مئی، جون ۲۰۰۹ء " کے ڈاکٹر اسلم پرویز کے اداریے (پہلا ورق) کا ابتدائی حصہ ہے جہاں انہوں نے لفظ اور لسان کے بارے میں مختصر مگر پُر مغز گفتگو کی ہے۔ اُسے جہاں پر لا کر انہوں نے چھوڑا ہے وہاں سے آگے بڑھا کر میں نے اُسے اُس کے منتقی اختتام تک پہنچانے کی کوشش کی ہے۔

جب کبھی رائج نظام حکومت پر سے عوام کا اعتماد اُٹھنے لگتا ہے تو اُس کی مزاحمت میں عوامی تحریکیں شروع ہو جاتی ہیں۔ اس صورت حال کی وجہ محض حکام کے ذریعے قوانین و اختیارات کا بے جا اور غیر منصفانہ استعمال ہی نہیں ہوتا بلکہ اُس معاشرے میں موجود اُن ذہن سازوں کا اقتدار کی مخالفت میں سرگرم عمل ہو جانا ہوتا ہے جو الفاظ کے وارث ہوتے ہیں۔ اِن کی غیر موجودگی یا خاموشی کی صورت میں بدترین نظام حکومت بھی عوام پر طویل عرصے تک مسلط رہ سکتا ہے تا آں کہ اُس میں موجود داخلی تضادات ہی رفتہ رفتہ اسے اُس کے زوال کے منطقی منازل تک نہ لے جائیں۔ اسی طرح کوئی نظام کتنا بھی قابل ستائش کیوں نہ ہو اُس کے استحکام کی ضمانت نہیں دی جاسکتی جب تک کہ الفاظ

کے یہ وارث اُس کے حق میں اپنا منہ نہ کھولیں اور اُس کی حمایت میں بولتے اور لکھتے نہ رہیں... یعنی کہ ایک ایسے ستائشی ڈسکورس کا قائم رکھنا جس پر اہل اقتدار کے ساتھ ساتھ الفاظ کے وارثوں کی بھی مہر ہو۔

کسی عوامی تحریک کی شروعات اور پھر اُس کے تیز تر ہونے کے پس پشت ایک قسم کی قوت ہوتی ہے۔ ایک ایسی سفاک قوت جس کی باگ ڈور عموماً انتہا پسندوں کے ہاتھ میں چلی جاتی ہے جو الفاظ کا استعمال اس طرح کرتے ہیں کہ طاقت کے ذریعے بنائی گئی رائے عامہ فطری معلوم ہو۔ لیکن ایسے انتہا پسندوں کے لیے بھی رہبری کے لیے فضا تب تک ساز گار نہیں ہوتی جب تک کہ رائج نظام کی خامیاں پوری طرح سامنے نہ آجائیں اور وہ عوام کی نظروں سے گرنے نہ لگے ... ایسی فضا تیار کرنے اور عوام کو تبدیلی کے فوری اور ناگزیر ہونے کا احساس دلانے والے یہی الفاظ کے وارث ہوتے ہیں جنھیں ادیب، شاعر، خطیب، مولوی، مُلا، پادری یا دانشور اور آرٹسٹ وغیرہ کے نام دیے گئے ہیں اور جن کے اس Subversive رول کو مثبت کے بجائے منفی مان کر زمانہ قدیم میں ہی افلاطون نے انھیں ایک مثالی جمہوریت (Ideal Republic) سے باہر رکھنے کی بات کی تھی۔

کسی رائج نظام کے طمانیت بخش رہنے تک بنیادی طور پر مصالحت پسند اور روایت پرست عوام اُس کی مخالفت کی طرف بہ آسانی راغب نہیں ہوتے۔ اس ضمن میں وہ بڑے سے بڑے عوامی لیڈر یا خطیب کو بھی باغی، ملک دشمن، یا دیوانہ سمجھنے لگتے ہیں جن کی باتوں میں آنا اُنھیں خطرے سے خالی نہیں لگتا۔ چنانچہ عام حالات میں وہ اپنی تمام تر قوتِ گفتار یا جادوئے خطابت کے باوجود اُنھیں اپنا ہمنوا نہیں بنا پاتے۔ جیسا کہ Lenin نے اعتراف کیا ہے کہ "جہاں اشتراکیت کے لیے زمین پہلے سے ہموار نہ تھی وہاں عوام کو

اپنا ہمنوا بنانا ہمارے لیے دشوار رہا"۔

الفاظ کے وارثوں کا معاملہ مختلف رہا ہے۔ عوام کو اُن کی باتیں سننے اور اُن پر غور کرنے میں یوں کوئی تردد نہیں ہوتا کہ وہ جانتے ہیں کہ ان کی باتیں کتنی ہی قابل توجہ اور ذہنوں کو تبدیل کرنے والی کیوں نہ ہوں فوری طور عمل اوری یا نتیجہ خیزی کی متقاضی نہیں ہوتیں۔ اہل اقتدار بھی یا تو انہیں نظر انداز کر دیتے ہیں یا ان کے منہ کو لگام دینے کے نرم رو طریقے اختیار کرتے ہیں۔ مگر یہی وہ صورت حال ہوتی ہے جس کے دوران الفاظ کے یہ وارث رفتہ رفتہ عوام کے ذہنوں میں رائج نظام کی بے وقعتی اور ناکردگی کا احساس کچھ اس طرح جگا دیتے ہیں کہ اُس کو بے دخل کرنا ان کا اپنا مشن بن جاتا ہے اور یوں ایک عوامی تحریک کی بنیاد پڑ جاتی ہے۔

الفاظ کے وارثوں، انتہا پسندوں، یا پریکٹیکل یا عملی انسانوں کی پوری طرح الگ الگ خانوں میں تقسیم ممکن نہیں۔ گاندھی اور ٹراسکی کی طرح کے افراد ابتدا میں الفاظ کے عام وارثوں کی ہی طرح اُبھرے مگر آگے چل کر قوت ارادی اور رہبری کی غیر معمولی صلاحیتوں کے بل پر تاریخ ساز اشخاص میں شامل ہو گئے۔ اوتاروں اور پیمبروں کی بھی ابتدائی زندگی اسی قسم کی رہی گو کہ بعد میں وہ عوامی ذہن سازی کے اپنے غیر معمولی عمل کو آفاق کی بلندیوں تک لے گئے۔ لینن جیسا انتہا پسند الفاظ کے غیر معمولی وارثوں میں سے ایک ہونے کے ساتھ ساتھ عملی زندگی میں بھی مثالی طور پر کامیاب رہا۔ گاندھی کی مثال بھی کچھ ایسی ہی ہے۔ تو واضح یہ کرنا ہے کہ انسانوں کی ان تین Categories کا کسی عوامی تحریک میں اپنے اپنے وقت پر اپنا اپنا منفرد رول ہوتا ہے۔ الفاظ کے وارث اس کے لیے ذہنی فضا تیار کرتے ہیں، انتہا پسند موافق فضا تیار ہو جانے پر رہبری کے لیے سامنے آ جاتے ہیں اور عملی انسان اُسے مستحکم کرنے اور نتیجہ خیز بنانے کا

کام کرتے ہیں۔

جس معاشرے میں الفاظ کے وارث نہیں پائے جاتے وہاں ان کا کبھی ایک قابل لحاظ تعداد میں وجود میں آجانا ایک انقلابی صورت حال پیدا ہو جانے کی ضمانت ہے۔ اس ضمن میں ہندوستان اور ایشیاء کے دیگر ممالک کی مثال دی جاسکتی ہے جو ایک مخصوص قسم کی برٹش کالونیاں تھیں۔ یہاں غلامی کی ہتک یا اجنبیوں کے اقتدار سے نفرت سے زیادہ جس چیز نے مزاحمت اور بغاوت کی فضا تیار کرنے میں مدد کی وہ دیسی لوگوں کے لیے خود حاکموں کا رائج کیا ہوا نیا اور لبرل تعلیمی نظام تھا جس نے الفاظ کے کتنے ہی وارث پیدا کر دیے اور اس طرح اقتدار کے خلاف جدوجہد کے لیے اسٹیج سیٹ ہو گیا۔ ہندوستان، چین اور انڈونیشیا وغیرہ کے بیشتر اہم لیڈر وہی رہے تھے جنہوں نے مغربی نظام تعلیم سے استفادہ کیا تھا۔

الفاظ کے وارث مختلف قسم کے ہو سکتے ہیں مولوی، مُلّا، مبلّغ، معلّم، پادری، ادیب، شاعر آرٹسٹ اور دانشور وغیرہ۔ مختلف قوموں اور علاقوں کے حالات بھی اس سلسلہ میں مختلف ہوسکتے ہیں۔ جیسے کہ چین میں جہاں لکھنا پڑھنا ایک دشوار کام تھا تھوڑی بہت بنیادی تعلیم ہی کسی فرد کو الفاظ کا وارث بنا دینے کے لیے کافی تھی۔ اسی طرح قدیم مصر وغیرہ میں جہاں تصویری تحریر گنے چنے لوگوں کا ہی ورثہ مانی جاتی تھی۔ ہندوستان کے ذات پات میں بٹے معاشرے میں بھی لکھنے پڑھنے پر ایک مخصوص قسم کی اونچی ذات کی ہی اجارہ داری مانی جاتی رہی ہے۔

بہر حال الفاظ کے یہ وارث جس قسم کے بھی ہوں اقتدار کے تئیں ان کا رویہ ان کی ایک مخصوص قسم کی نفسیات ہی طے کرتی ہے۔ ان میں عام انسانوں سے ہٹ کر اپنی ایک الگ منفرد شناخت بنانے کی شدید خواہش ہوتی ہے۔ "اَنا یا تمکنت انقلابات کا باعث

ہے آزادی کا حصول تو ظاہری بہانہ ہوتا ہے "۔ نپولین نے کہا تھا۔ ہر دانشور کے اندر کہیں غیر محفوظ یاناکام ہونے کاخوف پوشیدہ ہوتا ہے چاہے وہ تخلیقی یا غیر تخلیقی کیسی بھی زندگی جیتا ہو۔ کامیاب ترین یا تخلیقی طور پر حد درجہ فعال اور خدا داد صلاحیتوں سے مالامال ادیب یا آرٹسٹ بھی اپنی صلاحیتوں کے تعلق سے عموماً شبہات میں مبتلا رہے ہیں اور اُنہیں اُسے ثابت کرنے کی فکر ستاتی رہی ہے۔ اُن کا بڑبولا پن بھی در اصل ان کی اِسی مخصوص نفسیات کا نتیجہ ہوتا ہے۔ ان کے سامنے اپنی مادی ضرورتوں اور دنیاوی خواہشات کو پورا کرنے سے زیادہ بڑا مسئلہ اپنی اَنا کو Intact رکھنے کا ہوتا ہے۔ اِسی لیے با حکمت اہل اقتدار اِن سے مشاورت کا دم بھر کر اِن کی اَنا کی تسکین کا سامان تو فراہم کر دیتے ہیں مگر عموماً وہی سب کرتے رہتے ہیں جو ان کے اپنے مفاد میں ہوتا ہے... تھوڑی بہت خوش کلامی اور عزت و وقعت انہیں ان کا موافق بنا سکتی ہے اور یہ رویہ طویل عرصے تک قائم رہے تو وہ مصاحب یا درباری بھی بنائے جاسکتے ہیں۔ کارل مارکس کے بارے میں کسی نے کہا تھا کہ اگر اُنہیں بر وقت کوئی خطاب یا بڑا سرکاری عہدہ دے دیا جاتا تو شائد وہ اپنی کہی Ideology کی تشکیل کی ضرورت ہی محسوس نہ کرتے۔ اِسی کے ساتھ یہ بھی دیکھا گیا ہے کہ یہی الفاظ کے وارث جب کسی نظریے یا نظام فکر کی بنیاد رکھ دیتے ہیں تو پھر انہیں عہدوں یا خطابات کے ذریعے دی جانے والی ترغیبات بھی اپنے چُنے ہوئے راستے سے نہیں ہٹا پاتیں۔

اگر کوئی ناقص نظام اپنی اہلیت کے بہ مقابلہ زیادہ عرصے تک ٹِکا رہتا ہے تو سمجھ لینا چاہئے کہ یا تو اُس میں الفاظ کے وارثوں کا کال ہے یا پھر ان کے اور اہل اقتدار کے درمیان ساز باز ہے۔ اسی طرح جس معاشرے میں پڑھے لکھے لوگوں کی تعداد نہ صرف کافی ہے بلکہ وہ اقتدار میں حصہ دار بھی ہیں وہاں عوامی تحریکوں کے پنپنے کی گنجائش بہت

کم ہوتی ہے۔ غالباً اسی بنا پر یہ خیال کیا جاتا ہے کہ اگر انگریزوں نے ہندوستان میں نوابوں ،راجاؤں اور جاگیر داروں کی ناز برداری کرنے کی بجائے یہاں کے دانشوروں، معلموں، ادیبوں اور مبلغوں کی اَنا کی تسکین کے سامان کیے ہوتے، انہیں برابری کا درجہ دیا ہوتا اور اقتدار میں شامل کرنے کا کھیل رچایا ہوتا تو شائد انہیں ہندوستان میں ٹِکے رہنے کا مزید موقع مل سکتا تھا۔ مگر اپنی نسلی برتری کے شدید احساس کے باعث وہ یہ چال نہ چل سکے۔

اٹھارویں صدی کے فرانس کے انقلاب میں الفاظ کے وارثوں کا نمایاں رول رہا ہے۔ یورپ میں Reformation کی مذہبی تحریک کے دوران بھی رومن کیتھولک چرچ اور پادریوں کی تضحیک کے پس پُشت اسی طبقے کے ذریعے وضع کیے گئے پمفلٹس اور لٹریچر کا بڑے پیمانے پر استعمال کیا گیا تھا۔ رومن دنیا میں میسیحیت کے تیزی سے پھیلنے کی وجہ بھی ایسے ہی الفاظ کے وارثوں کی تخلیقیت تھی جس نے سابق یونانی (Pagan) تہذیب و اقتدار کو باہر کا راستہ دکھانے میں سُرعت سے کامیابی حاصل کی۔

عہد جدید کی زیادہ تر عوامی تحریکوں کی باگ ڈور چاہے وہ قومی رہی ہو یا اشتراکی ایسے افراد کے ہاتھوں میں رہی ہے جو، ادیب، شاعر، دانشور، تاریخ داں اور عالم رہے ہیں۔ شاید اس وجہ سے کہ یہاں عمل سے پہلے تنقید یا محاسبہ کی ضرورت ہوتی ہے جس کے ذریعہ رائج نظام کو discredit کیا جاتا ہے۔ مفاہمت کا مرحلہ اس کے بعد آتا ہے۔ اہل ثروت، تاجر، فنکار، اور فوجی وغیرہ جو قوم کے ستون سمجھے جاتے ہیں اس میں بعد میں شامل ہوتے ہیں جب انہیں تبدیلی کے لیے چلائی جانے والی اُس تحریک کے کامیابی سے ہمکنار ہونے کا یقین ہو جاتا ہے۔ چیک قومی تحریک سے وابستہ معروف تاریخ داں Palacky کا کہنا تھا کہ اگر اُس کمرے کی چھت کسی دن بیٹھ جاتی جس میں جمع ہو کر وہ اور اُس کے چند ساتھی عوامی تحریک کا نقشہ بنایا کرتے تھے تو شاید چیک قومی تحریک وجود ہی

میں نہ آتی... غالباً اسی طرح مٹھی بھر الفاظ کے وارثوں نے بیشتر قومی تحریکوں کو جنم دیا ہو گا جس سے بعد میں دیگر اقسام کے افراد بھی جڑتے چلے گئے۔ جرمن دانشور جرمنی کی قومی تحریک کے بانی تھے تو یہودی دانشور Zionism کی تحریک کے جب کہ فرنچ دانشوروں نے چرچ اور تخت و تاج دونوں کو کم وقعت بنا دیا تھا۔ شخصی اور فکری آزادی کی جو تحریک یورپ میں سب سے پہلے اور سب سے اہم انقلاب کا باعث بنی اُس کی جڑیں فرانس میں آج بھی اتنی ہی مضبوط معلوم ہوتی ہیں۔ مارکس اور اس کے حلیفوں نے مذہب، قومیت اور سرمایہ داری ان تینوں کو رد کر کے سوشلزم اور کمیونزم کے ایک انتہا پسند عالم گیر نظام کے حق میں ذہن سازی کی... ہوتا یہ ہے کہ جب ہم کسی مخصوص انتہا پسند عقیدے یا آئیڈیلوجی کو رد کرتے ہیں یا اُس کے خلاف فضا بناتے ہیں تو وہ ایک محدود عمل ہوتا ہے یعنی کہ ہم انتہا پسندی کو جڑ سے اُکھاڑ پھینکنے کا کام نہیں کر رہے ہوتے ہیں بس ایک مخصوص عقیدے کو ختم کر کے دوسرے کے لیے جگہ بنا رہے ہوتے ہیں... اس طرح الفاظ کے وارث جانے انجانے میں عوام کے خالی اور منتشر ذہنوں میں کسی دوسرے عقیدے کی بھوک جگا رہے ہوتے ہیں۔ کیوں کہ زیادہ تر لوگ اپنی لاحاصل بنجر اور بے مایہ زندگیوں کا بوجھ کسی یقین یا عقیدے کی روشنی کے بغیر نہیں ڈھو پاتے۔ انہیں کچھ نہ کچھ ایسا ضرور چاہیئے ہوتا ہے جو ٹھوس اور قابل بھروسہ ہو اور اپنی انفرادی ذمہ داریوں سے بری الذمّہ قرار پانے کے لیے وہ اپنے آپ کو اُس کے حوالے کر سکیں۔ دوسری طرف الفاظ کے وارث اپنی زندگیوں میں ایسی قطعی صداقتوں کی غیر موجودگی میں بھی آسانی سے جی لیتے ہیں۔ وہ ان صداقتوں کی پُر زور جستجو کو ہی جس میں وہ اپنے آپ کو لگا ہوا تصور کرتے ہیں اُس کا متبادل مان لیتے ہیں۔ متضاد اور متنازعہ افکار و تصورات کے درمیان گھرا ہونا ہی ان کے لیے ایک فطری اور پُر لطف صورت حال ہوتی ہے۔ اگر

وہ کسی نظریے یا فکری نظام کی تشکیل کی جانب بھی مائل نظر آتے ہیں تو بھی وہ کسی عملی پروگرام کے طور پر یا کسی مقصد کے حصول کے لیے کم اور اپنے ذہن و ادراک کی برتری کے مظاہرے کے طور پر زیادہ ہوتا ہے۔ اُن کی اَنا اُن سے اُس کی تشہیر اور اُسکا دفاع بھی بڑھ چڑھ کر کرواتی ہے۔ یہ چیزیں گو کہ ابتدا میں عموماً عقل کے لیے ہی پُر کشش ہوتی ہیں قلب و روح کے لیے نہیں مگر اکثر دیکھا گیا ہے کہ عوام یقین و عقیدے کی اپنی خود کی ضرورت کے تحت اسے بھی تقدیس کے درجے تک لے جاتے ہیں اور یوں ایک نئے مسلک کی داغ بیل پڑ جاتی ہے۔

بیسویں صدی کے معروف انگریزی شاعر W.B. Yeats نے اپنی نظم "The Second Coming" میں غالباً ایسی ہی صورت حال کی ترجمانی کی ہے۔

"The best lack all conviction, while the worst
Are full of passionate intensity .
Surely some revelation is at hand
Surely the second coming is at hand".

یہ تصور بھی کہ ہر دور میں سماجی ڈھانچے یا سیاسی اقتدار کو عوامی مزاحمت کے ذریعے ہی بدلا گیا ہے دانشوروں اور عصری نظام کے درمیان مسلسل زور آزمائی کی صورت حال سے متعلق Rhetoric کا ہی پروردہ ہے۔ عوام کا تو ہمیشہ استعمال یا استحصال ہی ہوتا آیا ہے۔ دراصل اقتدار کے بھوکے گروہ ایسی تحریکات کو ایک مخصوص اسٹیج پر اپنے حکم کا تابع بنا لیتے ہیں، اُسے ہائی جیک کر لیتے ہیں اِس سے بہت قبل کہ عوام اپنے خوابوں کی تعبیر پا سکیں۔ یہ تحریکیں عوامی ضرور کہلاتی رہی ہیں مگر انہیں جن عوام سے وابستہ کیا جاتا رہا ہے وہ ہمیشہ ہی فریب کھاتے رہے ہیں۔ کم و بیش یہی حال اُن الفاظ کے

وارثوں کا بھی رہا ہے جو ابتدا میں ایسی تحریکات کے لیے فضا بناتے ہیں ان کی آبیاری کرتے ہیں اور انہیں حرکت و قوت عطا کرتے ہیں۔ اقتدار کی تبدیلی کے ساتھ یہ بھی اپنے آپ کو Margins پر پاتے ہیں ... مگر یہاں دلچسپ بات یہی ہے کہ اہل اقتدار کے ذریعے ان دونوں کو پس پُشت ڈال دیے جانے کے باوجود اِن کی ذہنی و جذباتی کیفیت الگ الگ ہوتی ہے... عوام فریب کھاتے ہیں مگر انہیں اُس کا کچھ زیادہ احساس نہیں ہوتا کیوں کہ دانشوروں کی طرح انفرادی آزادی یا آزادی اظہار وغیرہ اُن کے لیے کوئی مسئلہ نہیں ہوتا۔ اُن کا مسئلہ ہوتا ہے خود اختیاری، انفرادی فیصلہ یا انفرادی ذمہ داری کے بوجھ سے نجات حاصل کرکے اپنے آپ کو ایک اجتماعی سماجی و معاشرتی وجود میں گم کر دینا جس کے مواقع نیا ماحول بھی فراہم کرتا ہے۔ وہ اپنے کم وقعت اور بظاہر بے کار وجود کو معاشرے کے اجتماعی وجود میں کھو دینا چاہتے ہیں جو اقدار کی تبدیلی کے بعد بھی اسی طرح ممکن ہوتا ہے جیسا پہلے تھا... انہیں آزادی نہیں کسی مستحکم نظام، اقتدار یا عقیدے کی اطاعت کی جستجو ہوتی ہے۔ وہ پرانے نظام کو بدلنا چاہتے ہیں ایک نسبتاً زیادہ آزاد معاشرے کے حصول کے لیے نہیں بلکہ ایک ایسے نظام کے حصول کی خاطر جس میں تمام محکوم ایک ہی عقیدے سے جڑے اور ایک ہی سی سماجی حیثیت کا حصہ ہوں۔ دراصل وہ جس چیز سے خوف زدہ ہوتے ہیں وہ انفرادی فیصلہ کا مسئلہ اور انفرادی ذمہ داری یا جواب دہی کا معاملہ ہے۔ وہ سماجی Uniformity کی صورت حال کے خواہاں ہوتے ہیں جس میں انہیں شخصی Anonymity مل سکے... غالباً ایک اجتماعی وجود میں ضم ہو کر حاصل ہوئی بے نامی اور نا شناختی ہی ان کے لیے سکون کی بہترین صورت ہوتی ہے۔

جب کہ الفاظ کے وارثوں کا معاملہ مختلف ہوتا ہے۔ اُن کا المیہ یہ ہے کہ وہ عوامی تحریک اور اجتماعی عمل کی چاہے جتنی بھی بات کریں بنیادی طور سے وہ انفرادیت یا

انفرادی آزادی کے خواہاں ہوتے ہیں۔ آزادی رائے ، آزادی اظہار یہاں تک کہ معاشرے کے عمومی قوانین اور رسم و رواج سے آزادانہ انحراف ... مگر کوئی بھی عوامی تحریک کامیابی کے قریب پہنچتے پہنچتے جن انتہا پسندوں کے ہاتھوں میں چلی جاتی ہے اُن کے نزدیک ان چیزوں کی کوئی اہمیت نہیں ہوتی۔ وہ Conform کرنے والوں کو قریب رکھنا چاہتے ہیں اور Non-Conformist کو دور...... ادیبوں شاعروں آرٹسٹوں اور دانشوروں سے تو وہ ہمیشہ ہوشیار رہنا چاہتے ہیں کہ یہی وہ طبقہ ہوتا ہے جو عوام کے ذہنوں میں ایک نئے انقلاب کے بیج بو سکتا ہے۔ وہ عموماً نہیں جانتے کہ ان سے کس طرح نپٹا جائے۔ وہ کبھی ان سے مشاورت کر کے ان کی اَنا کی تسکین کا سامان فراہم کرتے ہیں، کبھی انعام و اکرام سے نواز کر اُنہیں اپنا ہمنوا بنانے کی کوشش کرتے ہیں اور کبھی بغاوت کی بُو سونگھ کر ان کی سرزنش کرتے ہیں۔ بہر حال الفاظ کے ان وارثوں کا مقدر جنہیں انقلابات کا نقیب اور عوامی تحریکوں کی مِڈ وائف کہا جاتا رہا ہے۔ تبدیلیوں سے پہلے اور تبدیلیوں کے بعد یکساں طور پر المیہ ہی رہتا ہے۔ بے اطمینانی، اضطراب، اپنے آپ کو ثابت کرنے کا جنوں ، انفرادی شناخت اور آزادی مطلق کی جستجو، تنہائی اور اجتماعی معاشرتی زندگی میں ضم نہ ہو پانے اور ہر دور میں Marginalised کر دیے جانے کا کرب... غرض کہ بہ ہر صورت اپنی مخصوص نفسیات کے باعث اُنہیں زیادہ تر اکیلے پن (Alienation) کا شکار ہونا پڑتا ہے اور وہ سماج میں ایک Outsider بن کر ہی جیتے ہیں۔

دنیا کی دوسری زبانوں کے ساتھ ساتھ اردو شاعری میں بھی کتنے ہی ایسے اشعار مل جائیں گے جو الفاظ کے وارثوں کے اس مخصوص اور مستقل Dilemma کی تفسیر کہے جا سکتے ہیں...

بات کرنی مجھے مشکل کبھی ایسی تو نہ تھی
جیسی اب ہے تیری محفل کبھی ایسی تو نہ تھی

یا

یہ دستور زباں بندی ہے کیسا تیری محفل میں
یہاں تو بات کرنے کو ترستی ہے زبان میری

یا پھر مطلق العنان حکمرانوں کے دور اقتدار میں پائی جانے والی انتہائی صورتوں کے خلاف مزاحمتی عمل کے علامتی اظہار کے لیے "فصیل دار پہ رکھے ہوئے سروں کے چراغ "، "ہر ایک حلقہ زنجیر میں زباں "، " خونِ دل میں ڈبوئی ہوئی انگلیاں " اور "خونچکاں خامہ " کی Morbid امیجری ...... یہاں تک کہ اقبال تو بعد از مرگ مملکت آسمانی میں بھی شاعر یا آرٹسٹ کی شناخت اُس کے جنوں و خود سری سے ہی کرواتے ہیں ......

فارغ تو نہ بیٹھے گا محشر میں جنوں میرا
یا اپنا گریباں چاک یا دامن یزداں چاک

۱۹۳۶ء کی لکھنؤ کانفرنس کی صدارت کرتے ہوئے پریم چند نے "ترقی پسند مصنفین " کے نام میں "ترقی پسند " کو غیر ضروری قرار دیتے ہوئے ایک ادیب یا آرٹسٹ کی جس صفت کی نشان دہی کی تھی غور کیا جائے تو کم و بیش وہی ہمیشہ سے ہی الفاظ کے ان وارثوں کا شناخت نامہ رہا ہے...

"ترقی پسند مصنفین "میرے خیال میں ناقص ہے... ادیب یا آرٹسٹ طبعاً اور خلقاً ترقی پسند ہوتا ہے... اگر یہ اُس کی فطرت نہ ہوتی تو شاید وہ ادیب نہ ہوتا۔ اُسے اپنے اندر بھی ایک کمی محسوس ہوتی ہے اور اپنے باہر بھی۔ اس کمی کو پورا کرنے کے لیے اُس کی روح

بے قرار رہتی ہے۔ وہ اپنے تخیل میں فرد اور جماعت کو مسرت اور آزادی کی جس حالت میں دیکھنا چاہتا ہے وہ اُسے نظر نہیں آتی اس لیے موجودہ ذہنی و اجتماعی حالتوں سے اُس کا دل بیزار رہتا ہے۔ وہ ان ناگوار حالتوں کا خاتمہ کر دینا چاہتا ہے کہ دنیا جینے اور مرنے کے لیے بہتر ہو جائے......

***

کامو اور موسیقی

البیر کامو (Albert Camus) کے چند ابتدائی مضامین میں سے ایک Essay (1932 on Music) کے عنوان سے موسیقی کے بارے میں بھی ہے گو کہ مشرق و مغرب کی اقوام اور تہذیبوں کے الگ الگ ادوار میں موسیقی کی اہمیت و غایت اور اسی مناسبت سے وہاں کے فنون لطیفہ میں اس کا درجہ بھی مختلف رہا ہے مگر اس تفصیل میں جائے بغیر یہاں صرف یہ دیکھنا مقصود ہے کہ کامو نے جو ذہنی اور جذباتی طور پر بیک وقت افریقی اور یورپین دونوں تمدنوں سے جڑا ہوا تھا اپنے ادبی کریئر کے اس ابتدائی مضمون میں موسیقی کا کیا تصور پیش کیا ہے۔ نیز یہ کہ اس سلسلہ میں اس کی سوچ پر کون سی فکری روایتیں اثر انداز ہوئی ہیں۔

کامو نے اپنے اس مضمون کا آغاز اس انتہائی سادہ جملے سے کیا ہے کہ موسیقی چونکہ تمام فنون لطیفہ میں اعلیٰ ترین اور خود اپنے آپ میں تکمیل کو پہونچا ہوا فن ہے اس لئے یہ سمجھنے کی نہیں بلکہ محسوس کئے جانے کی متقاضی ہے۔ موسیقی پر مزید اظہار خیال کرنے سے پہلے وہ آرٹ کے تصور سے متعلق دو بنیادی نظریوں Realism اور Idealism سے بحث کرتے ہوئے اول الذکر کو یہ کہہ کر رد کر دیتا ہے کہ اگر آرٹ کا نصب العین محض فطرت کی عکاسی مان لیا جائے تو وہ اسے اتنا محدود اور ارضی بنا دیتا ہے کہ اس میں انسانی تصورات و تخیلات کیلئے کچھ زیادہ گنجائش نہیں رہ جاتی۔ آرٹ کے Idealistic نظریے سے بھی وہ مطمئن نہیں جس کے مطابق آرٹ کی

افادیت قدرت کے حسن ناتمام کی تکمیل میں مضمر ہے۔کامو کے مطابق آرٹ نہ محض فطرت کا عکاس ہے نہ ہی اس کا رول قدرت کے نامکمل حسن کی تکمیل کرنا ہے۔اس کے نزدیک آرٹ سیدھے سادے الفاظ میں انسان کیلئے اس کے Ideals کے اظہار کا وسیلہ کہا جا سکتا ہے۔

کامو موسیقی پر اپنی گفتگو آرٹ کے اسی تصور کے حوالے سے آگے بڑھاتا ہے مگر اس سے قبل اس ضمن میں وہ افلاطون، شوپنہار اور نیٹشے کی جمالیات سے بھی مختصراً بحث کرنا اس لئے ناگزیر سمجھتا ہے کہ اس کے خیال میں شوپنہار نے افلاطون سے اور نیٹشے نے شوپنہار سے اس باب میں کافی کچھ اخذ کیا ہے۔

شوپنہار کی جمالیات میں اس کے نظریہ ارادیت (Will) کو مرکزی حیثیت حاصل ہے کامو کے خیال میں شوپنہار کے فکری تصورات پر بدھ ازم Buddism کا بھی خاصا اثر رہا ہے۔اگر Leibniz کے مطابق تمام کائنات ایک تصور یا خیال سے عبارت ہے (عالم تمام حلقہ دام خیال ہے۔غالب) تو شوپنہار کے نزدیک اس کا وجود اور کارکردگی دونوں ایک غیر شخصی ارادے کے تابع ہیں جب کہ تصور یا خیال اتفاقی یا اضافی اوصاف ہیں جن کا تعلق ساری کائنات سے نہ ہو کر صرف اشرف المخلوقات سے ہے۔اس ارادے یا will کو وہ Extra intellectual کہتا ہے جس کی واضح تعریف منطقی دلائل کی مدد سے دشوار ہے۔

شوپنہار کا حیات انسانی سے متعلق نظریہ بھی مجموعی اعتبار سے قنوطی ہی سمجھا جاتا ہے۔جیسے اس کا یہ خیال کہ زندگی اس قابل نہیں کہ اسے جینے کی زحمت اٹھائی جائے۔مسرت و لذت کا بھی اس کے نزدیک کوئی حقیقی اور پائیدار وجود نہیں۔اگر ہے بھی تو پوری طرح منفی کیونکہ یہ سبھی انسان کے قابو سے باہر کسی غیر شخصی ارادے کے

تابع ہیں۔ چنانچہ ایک ارادے کی تکمیل کے بعد دوسرا اس کی جگہ لے لیتا ہے اور اس لئے یہ سبھی ایک لمحاتی تجربے کی طرح ناپائیدار اور جلد ختم ہو جانے والے ہیں جب کہ ارادے کی قوتیں آفاقی ازلی اور ابدی ہیں۔ اس طرح وہ انسان کی تمام تر تخلیقی صلاحیتوں کو بھی لاحاصل اور اتفاقی قرار دیتا ہے کیونکہ اس کے خیال میں انسان صرف وہی کچھ کر سکتا ہے جو ارادے کی پوری طرح غیر شخصی قوتوں کو اس سے کروانا مقصود ہوتا ہے۔ شوپنہار کے نزدیک آرٹ بھی ارادے (will) کو معروضیانے کے عمل کا نام ہے Art is only the objectification of will۔ ان بنیادی افکار کے پس منظر میں اگر شوپنہار کی جمالیات پر غور کیا جائے تو ایسا لگتا ہے کہ بیشتر مغربی مفکرین کی طرح وہ بھی آرٹ کی تعریف افلاطون کی بنیادی مابعد الطبیعاتی جمالیات کے حوالے سے ہی کرتا ہے یعنی کہ آرٹ وہ مخصوص علم یا فن ہے جو ہمیں اس مابعد الطبیعاتی دنیا کا ادراک بخشتا ہے جسے افلاطون دنیائے تصور و خیال کہتا ہے۔ یہی وہ وسیلہ ہے جس کے ذریعے ذہن انسانی ارادے کی تابع زندگی کے جبر کے باوجود آزاد محسوس کر سکتا ہے۔ یہ چیزوں کو ان کی زمانی مکانی حد بندیوں سے آزاد کر کے انہیں کائنات کے اس عظیم ترین "کل" کا حصہ بنا دیتا ہے جو لازوال ولا محدود ہے اس طرح شوپنہار کے مطابق بھی عقلیت کی راہ سے حسن کا ادراک ممکن نہیں کہ یہ سمجھنے کی نہیں محسوس کیے جانے کی چیز ہے۔ اس کے مطابق آرٹ یا خوبصورتی کے تاثرات مجتمع ہو کر دنیائے حقیقت اور ہمارے اس دنیا کے شعور کے درمیان ایک اسکرین کا کام کرتے ہیں اور یوں احساس کی سطح پر آرٹ کی دنیا کو حقیقی دنیا سے الگ کر دیتے ہیں۔ تصور کی دنیا کا حقیقتوں کی مادی دنیا سے الگ کر دیئے جانے کے اس عمل کو ہی وہ آرٹسٹک عمل کہتا ہے جس کے وقوع پذیر ہونے اور جس کا حصہ بن کر ہم ایک طرح کی جمالیاتی نجات کے تجربے سے ہمکنار ہوتے ہیں۔

شوپنہار کی جمالیات پر اپنے مختصر تبصرے کے آخر میں کامو یہ نتیجہ اخذ کرتا ہوا معلوم ہوتا ہے کہ اس کا فلسفہ بحیثیت مجموعی قنوطی ہونے کے باوجود آرٹ کے انسانی زندگی میں ایک مثبت رول ادا کرنے کا تصور پیش کرتا ہے۔ آرٹ کے اس رول کا وہ موسیقی سے انتہائی مضبوط اور گہرا رشتہ محسوس کرتا ہے۔ کامو کے مطابق تمام فنون لطیفہ میں صرف موسیقی ہی آرٹ کے اس تصور کے عین مطابق پائی جاتی ہے۔ شاید یہی وجہ ہو گی کہ فنون کی عمومی درجہ بندی سے پرے اس کا ایک الگ مقام الگ زبان اور الگ ہی دنیا ہے۔ یہ اپنے حسن کی ترسیل کیلئے کسی مادی میڈیم یہاں تک کہ الفاظ کی بھی محتاج نہیں۔ یہ سریلی نغمگی کی ایک ایسی دنیا کی تشکیل کرتی ہوئی معلوم ہوتی ہے جس میں داخل ہونے کیلئے ہوش مندی و فرزانگی کے بجائے وجدان و دیوانگی کی ضرورت ہوتی ہے۔ اسے انسان کیلئے حقیقی دنیا کا ایک عمدہ متبادل بھی کہا جاسکتا ہے۔

شوپنہار کے بعد کامو اس کے حقیقی و معنوی شاگرد نٹیشے کی جمالیات پر بھی مختصراً نظر ڈالتا ہے اور اس کے یہاں موسیقی کی تعریف و تصور کا تعین کرنے کی کوشش کرتا ہے۔ گو کہ شاعرانہ ابہام اور استعاراتی اسلوب اظہار کے باعث نیٹشے کی جمالیات کو قطعی انداز میں سمجھنے کا دعوا نہیں کیا جاسکتا مگر اس سلسلے میں ان اصولوں سے ضرور مدد لی جاسکتی ہے جن پر عام طور پر اتفاق رائے پایا جاتا ہے۔ کامو کے مطابق نیٹشے نے یوں تو ابتداء میں شوپنہار کی فلسفیانہ بصیرت کو ہی اپنا رہنما بنایا مگر آگے چل کر نہ صرف یہ کہ وہ مختلف راستے پر چل پڑا بلکہ کہیں کہیں تو شوپنہار کی بساط فکری کو پوری طرح الٹ دینے سے بھی دریغ نہیں کیا۔

Neitzsche was strongly inspired by Shopenhauer setting out from the same point, he none the less worked out a complete reversal of his values. Both take suffering as their base but where as Shopenhauer worked out a democratic ethics, Neitzsche arrived at an ethics of aristocracy, that of superman, where as Shopenhauer came to sterile pessimism, Neitzsche reached an optimism based upon the rapture of suffering (essay on music-A. Camus)

وہ خصوصی طور پر نیٹشے کی تصنیف The birth of Tragedy کے حوالے سے اس کی فلسفیانہ جمالیات کا جائزہ لیتے ہوئے یہ ثابت کرنے کی کوشش کرتا ہے کہ نیٹشے نے Appolonism اور Dionysism جیسی اصطلاحات کی مدد سے قدیم یونان کے اسی تصور حسن کی تجدید کی بات کی ہے جس کا مزاج غنائیہ Lyrical اور المیہ Tragic رہا ہے۔ اس کے خیال میں بعد میں آنے والے سقراط کے قبیلے کے ایک کے بعد ایک عقلیت پسند Rationalist المیہ کے زوال کے باعث بنے۔ شاید اسی لئے نیٹشے اپنے دور میں عقلیت پسندی کو رد کرنے والوں میں ہمیشہ پیش پیش رہا۔ اس کے نزدیک موسیقی دور جدید میں انتہائی اہمیت کی حامل ہوگئی ہے کہ یہی آج کی بڑھتی ہوئی عقلیت پسندی کا توڑ بن سکتی ہے اور یوں ایک بار پھر روح انسان کو غنائی المیہ کی وہ حرارت بخش بالیدگی عطا کر سکتی ہے جو وہ کھو چکی ہے اس امکانی صورت حال کو وہ موسیقی کے ایک اور نشاۃ الثانیہ سے تعبیر کرتا ہے۔

کامو نیٹشے سے اتفاق کرتے ہوئے مزید آگے جا کر موسیقی اور اساطیر Myth کو انسان کی فلسفیانہ نجات کی دو صورتیں قرار دیتا ہے۔

what then was music to be ? Music and Myth are twin

forms of philosophical redemption (Essay on music-A. Camus)

کامو کے خیال میں شوپنہار اور نیٹشے کی موسیقی کے بارے میں سوچ کے بنیادی عناصر اس حد تک یکساں ہیں کہ دونوں اسے عقل و منطق سے پرے احساس کی ایک مابعد اطبیعاتی اور آئیڈیل دنیا کے حصول کا ذریعہ مانتے ہیں مگر نیٹشے دوسری جگہوں پر شوپنہار کی سوچ سے کہیں آگے جاتا ہوا معلوم ہوتا ہے۔ جیسے کہ اس کے مضمون On music and the word سے ظاہر ہوتا ہے۔

if we enjoyed music because of feeling it inspired in us, the visual images it suggested to our mind, then we ran the risk of not understanding music at all. In order to enjoy music purely one had to appreciate its very essence, one had above all to enter into the analysis of harmony itself

مگر کامو نیٹشے کے اس خیال سے متفق نہیں۔ وہ اسے محض اس کی فکر کا ایک تضاد تصور کرتا ہے۔ اس کے بموجب اس قسم کے تجربے میں اس سرمستی اور سرشاری کیلئے کچھ گنجائش نہیں دکھائی دیتی جو موسیقی کا خاص وصف ہے۔

موسیقی سے متعلق نیٹشے کے تصورات میں وقفہ وقفہ سے در آئے یہی تضادات و تغیرات اس کے اور 19 ویں صدی کے جرمنی کے سب سے بڑے موسیقار Richard Wagner کے تعلقات میں مد و جزر کا سبب بنے۔ Tristan and Isolde جیسے ویگنر کے غنائی ڈراموں کو جرمنی کی عظمت کی بازیافت کا ذریعہ ماننے والا نیٹشے اس کے مسیحیت قبول کرتے ہی نہ صرف اس کے فن کی عظمت سے منحرف ہو گیا بلکہ اسے لعن طعن کا

نشانہ بنانے سے بھی احتراز نہ کر سکا۔ گو کہ ماضی کی اپنی تحریروں میں خود اسی نے اسے جرمنی کا مسیحا قرار دیا تھا۔

شوپنہار اور نیٹشے کے تصور موسیقی سے بحث کا مقصد کامو کے لئے اپنے اس مضمون میں خود اپنے تصور موسیقی کے تعلق سے کسی نتیجہ پر پہونچنا تھا جس کا اظہار وہ اختصار کے ساتھ یوں کرتا ہے۔

Music can, in short, be considered as an expression of an unknowable world, a world of spiritual essence expressed in an ideal manner. There is nothing indeed more ideal than music. It is the perfect expression of an ideal world which communicates itself to us by means of harmony. This world unwinds not below or above the real world but parallel to it (Essay of music -A. Camus)

یعنی کہ موسیقی ہمیں روحانی بصیرتوں سے معمور ایک ان دیکھی دنیا کی موجودگی کا احساس دلاتی ہے۔ اس مثالی اور متبادل دنیا کا ادراک یہ ہمیں سروں کی نغمگی سے بخشتی ہے۔ اس سے بہتر اور مثالی اور کیا چیز ہو سکتی ہے کہ یہ سروں کے خوبصورت اتصال کے ذریعے ہمارے حواس سے ہمکلام ہوتی ہے۔

کامو کے نزدیک موسیقی اس لئے بھی دوسرے فنون لطیفہ سے ممتاز ہے کہ ان کی طرح فن کی بلندیوں تک اس کی پرواز میں کوئی مادی میڈیم حائل نہیں یہاں تک کہ الفاظ بھی نہیں۔ اس کی مزید امتیازی خصوصیت یہ بھی ہے کہ دوسرے فنون اپنے بلند ترین منازل پر پہونچ کر جمالیاتی تناسب کے جس مثالی درجے کے حصول کی جستجو کرتے ہیں

موسیقی کی تشکیل و ترسیل میں وہ ابتداء سے ہی موجود ہوتا ہے۔یہی وجہ ہے کہ یہ تمام فنون میں سب سے اعلیٰ اور اپنے آپ میں اس درجہ تک مکمل ہے کہ اس میں مزید کسی طرح کی کمی بیشی کی کوئی گنجائش باقی نہیں۔

ایسا محسوس ہوتا ہے کہ موسیقی پر اپنے اس انشائیے کے ذریعے کامو یہ پیغام بھی دینا چاہتا تھا کہ عصر حاضر میں شاید موسیقی ہی ہمیں روحانی زوال سے بچانے کا ذریعہ بن سکتی ہے اور ہماری کم وقعت اور پست زندگیوں کو پر وقار اور پاک وصاف بنانے میں ایک اہم رول ادا کر سکتی ہے۔

(کامو کا Essay on music کے عنوان سے لکھا گیا مضمون پیرس سے شائع ہونے والے جریدے Sud میں جون 1932ء میں شائع ہوا تھا۔)

***

مرزا غالب ایک ٹریجک Persona

حیات غالب کے سات دھوں کو نہ صرف خود ان کی ذات بلکہ اس دور کی دہلی اور اس کے اطراف کے باسیوں کی زندگی کے حوالے سے ایک انتہائی پر آشوب دور کہا جائے گا۔ یہ زمانہ شاعری کیلئے کتنا ساز گار تھا یا ناساز گار یہ بہت کچھ شاعری اور اس کے محرکات سے متعلق آپ کے تصورات و توہمات پر منحصر ہے۔ یہ وہ دور تھا جب ہندوستان میں برٹش اقتدار دن بدن مستحکم ہوتا جارہا تھا اور مغلیہ تہذیب و معاشرت تیزی سے روبہ زوال۔ غالب آج کے مفہوم کے مطابق ایسے Committed شاعر بھی نہ تھے جس کی شاعری اجنبیوں کے اقتدار کے خلاف احتجاج ، مزاحمت یا پھر بغاوت کی Strategies مہیا کرتی۔ چنانچہ یہ کچھ زیادہ غیر متوقع نہ تھا کہ ایک مٹتی ہوئی تہذیب کے ملبے پر کھڑے ہو کر انہوں نے جو کچھ لکھا وہ اس ناقابل تلافی نقصان کے احساس کا اور مایوس و بے بسی اور غم واندوہ کا عکاس ہے جس کے نقوش رفتہ رفتہ ان کے ذہن وادراک پر مرتسم ہوتے رہے تھے۔ اس طرح بنیادی طور پر یہ شاعری ایک قسم کا ماتم و مرثیہ تھی تباہی و بربادی کی ذاتی نقصانات کی اور اس سے پہونچنے والے شدید صدموں کی یا پھر ترجمان تھی اس سنگین حقیقت کے احساس کی کہ جو کچھ ہمارے پاس تھا اور ہمارا ہو سکتا تھا وہ اب نہیں رہا۔

یہ غم واندوہ کے ساتھ فکر واستغراق اور شدید Reverberations سے عبارت شاعری بھی ہے جسے باری باری سے شگفتہ یا یاس انگیز اور مصفّا و مشقّی زبان کی ردا فراہم کی

گئی ہے۔ نیز یہ کہ یہ شاعری جس حسیت کی نشاندہی کرتی ہے وہ ایک ایسے فلسفیانہ ادراک کا حصہ معلوم ہوتی ہے جس کا وصف انتہائی دشوار اور ناموافق حالات میں بھی صبر وضبط اور خوش مذاقی کا دامن ہاتھ سے نہ جانے دینا ہے۔

ان تاثرات کی روشنی میں اگر یہ کہا جائے تو نامناسب نہ ہو گا کہ غالب کی شاعری تیزی سے سب کچھ ختم ہو جانے کے شدید اور منفی احساس سے بالآخر انسانیت کے استحکام اور زندگی کی بقا میں ایقان کی مثبت سمت سفر کرتی ہے اور یوں اپنے مجموعی تاثر میں زماں و مکاں کی قید سے آزاد ایک بڑے تخلیق کار کے وجدان کی نمائندہ بن جاتی ہے۔ یہ اور بات ہے کہ ایک قسم کی Nihilism کے تناظر سے ابھر کر اس فائنل Affirmation تک پہنچنے اور آفاقیت کی سرحدوں کو چھو لینے کے بعد بھی غالب کا Poetic persona ہمیں رزمیہ کی نہیں بلکہ المیہ کی روایت سے ہی جڑا ہوا معلوم ہوتا ہے جس کی ترجمانی شاید ان کے مندرجہ ذیل شعر سے بخوبی ہو جاتی ہے۔

نے گلِ نغمہ ہوں نہ پردہ ساز
میں ہوں اپنی شکست کی آواز

مگر خود غالب نے جس شعر کے ذریعہ اپنے اس المیہ Persona کی صورت گری کی تھی اور جو ان کی ذات کا Signifier مانا جا سکتا ہے وہ حسب ذیل تھا۔

کل اسد کو ہم نے دیکھا گوشہ غم خانہ میں
دست بر سر سر بہ زانوئے دلِ مایوس تھا

یہ الگ بات ہے کہ بعد میں انہوں نے اسے شاید اپنا ایک انتہائی سادہ پورٹریٹ تصور کرتے ہوئے اپنے منتخب کلام ریختہ سے خارج کر دیا تھا۔

ویسے غالب کے کلام میں کتنے ہی اور ایسے اشعار ملیں گے جو ایک Tragic

Over whelmingly poetکی بیاض سے ہی بر آمد کئے جا سکتے ہیں۔ اور جن کی morbid imageryاور تخیل کی خوں آشامی ان کے خالق کے حوالے سے ایک ایسی نفسیات کی نشاندہی کرتی ہے جو خود ترسی و خود اذیتی سے قریب تر معلوم ہوتی ہے۔چند اشعار دیکھئے۔

اب میں ہوں اور ماتمِ یک شہر آرزو
توڑا جو تو نے آئینہ تمثال دار تھا

دل تا جگر کہ ساحلِ دریائے خوں ہے اب
اس رہگزر میں جلوۂ گل آگے گرد تھا

ہے خونِ جگر جوش میں دل کھول کے روتا
ہوتے جو کئی دیدۂ خونبار فشاں اور

قطرہ قطرہ ایک ہیولہ ہے نئے ناسور کا خوں
بھی ذوقِ درد سے باقی میرے تن میں نہیں

خموشی میں نہاں خوں گشتہ لاکھوں آرزوئیں ہیں
چراغِ مردہ ہوں میں بے زباں گور غریباں کا

سراپا ایک آئینہ دار شکستن
ارادہ ہوں ایک عالم افسردگاں کا

لوگوں کو ہے خورشید جہاں تاب کا دھوکا
ہر روز دکھاتا ہوں میں ایک داغ نہاں اور

باغ میں مجھ کو نہ لے جاؤ کہ میرے حال پر
ہر گل تر ایک چشمِ خوں فشاں ہو جائے گا

منحصر مرنے پر ہو جس کی امید
ناامیدی اس کی دیکھا چاہیئے
میری قسمت میں غم جب اتنا تھا
دل بھی یارب کئی دیئے ہوتے
مئے ہی کیوں پھر نہ میں پیئے جاؤں
غم سے جب ہو گئی ہو زیست حرام
جلوہ گل نے کیا تھا واں چراغاں آب جُو
یاں رواں مژگان چشمِ تر سے خونِ ناب تھا
غنچہ پھر لگا کھلنے آج ہم نے اپنا دل
خوں کیا ہوا دیکھا گم کیا ہوا پایا
جوئے خوں آنکھوں سے بہنے دو کہ ہے شام فراق
میں یہ سمجھوں گا کہ دو شمعیں فروزاں ہو گئیں
واں خود آرائی کو تھا موتی پرونے کا خیال
یہاں ہجوم اشک سے تار نگہ نایاب تھا

ان کی فارسی بیاض سے بھی کتنے ہی اور ایسے اشعار بر آمد کئے جاسکتے ہیں۔

ہم غور کریں تو پائیں گے کہ اپنی ساری شوخی اور طبعی ظرافت کے باوجود غالب کی شاید کوئی ایسی غزل نہیں جسے پوری طرح Cheerful کہا جا سکے۔ تقریباً ان کے ہی ہمعصر انگریزی کے معروف رومانوی شاعر کیٹس کی زیادہ تر سوگوار Odes (Melancholy) میں سے کم از کم ایک نظم "Ode to Autumn" کو نقادوں نے ایک exception قرار دیتے ہوئے ایک optimistic یا Happy ode کا نام دیا ہے

مگر میرا خیال ہے کہ غالب کی شاید ہی ایسی کوئی غزل ہو جس میں ان کے آنسوؤں کی نمی نہ محسوس کی جاسکتی ہو۔

غالب کی بیشتر زندگی محرومی سے عبارت رہی ہے کمسنی میں والدین کی شفقت سے محروم ہو جانا، ننہال میں پرورش، عزیزوں اور رشتہ داروں کے رحم و کرم پر زندگی گذارتے ہوئے انا و غیرت پر لگنے والے کچوکوں سے نبرد آزمائی، معاشی پریشانیوں کے حل کے طور پر کم عمری میں ہی بے جوڑ شادی کے بندھن میں باندھ دیا جانا، اولاد کی پے در پے اموات، 1857 کے پر آشوب دنوں میں بھائی یوسف کی دیوانگی میں موت اور دیرینہ دوستوں اور عزیزوں سے جدائی، بیوی سے مسلسل کشیدگی اور برائے نام رشتہ، زیست کرنے کیلئے انا و غیرت کی قربانی اور ناپسندیدہ حالات سے مفاہمت اور مالی مسائل سے آخری دم تک چھٹکارہ نہ مل سکنا۔

چنانچہ غالب کی شاعری کے قاری کو یہ یاد رکھنا ضروری ہے کہ اس کلام کو ایک ایسے انسان سے نسبت ہے جس نے ایک انتہائی کٹھن وقت میں نہ صرف اپنے فنکارانہ وجود کو پوری طرح ٹوٹنے اور بکھرنے سے بچائے رکھا بلکہ یاس و محرومی کے اندھیروں اور تباہی و بربادی کے ویرانے میں بھی شاعری کے بیش بہا گل بوٹے کھلاتا رہا۔ ایک انسان کی حیثیت سے غالب کے تئیں آسمان کی یہ بے رحمی اور زمین کی ایسی سفاکی اور ستم ہائے روزگار کے باعث ان کی انا پر لگنے والی ضربات کے بارے میں سوچا جائے تو شاعری کے مختلف رنگ و آہنگ کے باوجود ہمیں فرانسیسی شاعر Baudelaire کی یاد آجاتی ہے جس کے فنکارانہ وجود کو مسلسل آزمائشوں کا سامنا رہا تھا۔

مغرب کا حوالہ آ ہی گیا ہے تو وہاں کی اس Orientalist سوچ کا ذکر بھی یہاں نامناسب نہ ہوگا جس کے نتیجے میں اردو اور فارسی شاعری دونوں ایک عرصے تک بے

توجہی کا شکار رہیں یا پھر غلط توجہ کا مرکز۔ 19ویں صدی تک آتے آتے یورپین نو آباد کاروں نے اپنی اپنی کالونیوں میں قدم جمالینے کے بعد اپنے استعماری مقاصد کے حصول کی غرض سے مقامی زبانوں کے ادبی و ثقافتی سرمائے سے چھیڑ چھاڑ شروع کر دی تھی اس کے ساتھ ہی ترجموں کا دور بھی شروع ہوا مگر بد قسمتی سے چند ایک کو چھوڑ کر زیادہ تراجم ناقص اور معمولی درجے کے تھے اور ان اصحاب نے کئے تھے جو زبان و ادب کا اکتسابی علم رکھتے تھے اور ناکافی ادبی و شعری ذوق کے حامل تھے۔یہ برٹش پوسٹ Tennysonian جارگن کو شاعری کی معراج سمجھتے تھے اسی کے ساتھ یہ بھی ہوا کہ برٹش تعلیمی نظام کے رائج ہو جانے سے خود فارسی اور اردو کی حیثیت ثانوی ہو گئی اور عصری اسکالرس کی تربیت Tennyson، Swinburn، Macauley اور Pater کی تصنیفات سے استفادہ کرنے اور مغربی علوم کے مطالعے پر منحصر ہو گئی۔اس طرح اب اگر غالب اردو کا بڑا شاعر تھا تو بس اسی طرح جیسے Tennyson انگریزی کا۔۔۔۔۔یعنی ایک Native Tennyson۔ یوں غالب کی اس تبدیل شدہ پوسٹ رومانوی امیج میں ان کے مشرقی ذہن وادراک کی کلاسیکی پیچیدگی اور وقت و تاریخ کے جبر یا بالکلیہ خاتمہ وغیرہ کی حسّیات کی جگہ ایک رومانوی کرب (Romantic agony) کی کیفیت نے لے لی جس میں اس تباہی و بربادی اور مایوسی و رنجوری کا کوئی نقش شامل نہ تھا جس سے غالب کی شعری حیات یا زمانہ و تاریخ عبارت رہے تھے۔شاید یہ استعماری ذہنیت کا تقاضہ ہی تھا کہ اس طرح انہیں اردو، فارسی شاعری کی کلاسیکی روایت سے کاٹ کر محض ایک Victorian Romantist بنا دیا جائے۔بعد کے دنوں میں بھی ایک عرصے تک فارسی اور اردو کے اہم اور بڑے ادیبوں کی تخلیقی حیثیت کے تعین کیلئے زیادہ تر انگریزی اور کبھی کبھی فرانسیسی یا جرمن زبانوں کے اوسط درجے کے ادیبوں کی

تخلیقات کو معیار بنایا جاتا رہا۔

مغرب کی اس orientalist سوچ کا نتیجہ تھا کہ وہاں فارسی اور اردو کے شاعروں کا ایک ایسا تصور ابھرا جسے عرصے تک بدلا نہ جا سکا۔ موسم بہار میں جب کہ پھول کھلتے ہیں اور بلبل گاتی ہے باغ کے کسی گوشے میں محو عیش شاعر جس کے پہلو میں اس کی محبوبہ اور ہاتھوں میں شراب کا پیالہ۔ ایسے میں یہ زیادہ حیرت کی بات نہیں کہ مغرب میں فردوسی یا رومی اور حافظ کے بمقابلہ عمر خیام کو زیادہ مقبولیت حاصل ہوئی ہو جب کہ عمر خیام کی شاعری کے بھی جو ترجمے ہوئے انہوں نے انہیں ایک ایسے وکٹورین شاعر کے رنگ میں رنگ ڈالا جس سے مغربی ذہن کو رغبت تھی۔ یہ غور طلب ہے کہ Robert Graves وہ تنہا اہم انگریزی شاعر ہے جس نے فارسی شاعری کو کسی حد تک قابل اعتنا سمجھا مگر اس نے بھی صرف عمر خیام کی ہی رباعیوں سے ناطہ جوڑا۔ چنانچہ اچھے اور بہتر ترجموں کی عدم موجودگی میں فارسی اور اردو میں موجود شعری سرمایہ جسے ایران میں حافظ و رومی نے اعتبار بخشا اور ہندوستان میں غالب اور ان کے ہم عصروں و پیش رووں نے، ایک طویل عرصے تک گل و بلبل کی شاعری کے نام سے ہی جانا جاتا رہا۔

مغرب کی اس Orientalist سوچ کے باعث فارسی اور اردو کے بیشتر مشاہیر کا بیرونی دنیا سے تعارف نہ ہو سکا اور جو کچھ پہونچتا رہا وہ ان کی محض ایک مسخ شدہ stereo typed امیج تھی۔ غالب بھی اس سے مستثنیٰ نہ تھے بلکہ ان کے سلسلے میں تو مزید تاخیر یوں بھی ہوئی کہ ایک مخلص اور قابل مترجم کیلئے بھی ان کی شاعری کا ترجمہ کسی بیرونی زبان میں دشوار ہی رہا۔

فارسی کی طرح اردو شاعری بھی Abstractions کی شاعری ہے جو غالب کے یہاں اپنے کمال کو پہونچی ہوئی دکھائی دیتی ہے۔ یہ اپنے مابعد الطبعیاتی مزاج کے باعث

فلسفیانہ اور تجریدی موضوعات و تصورات سے قربت اور معمولی موجود اور ٹھوس یا Concrete سے گریز کرتی معلوم ہوتی ہے یا پھر انہیں بھی مابعد الطبعیاتی بلندیوں تک لے جانے کی سعی کرتی ہے۔ یہ عموماً معنی کی تشریح سے کام نہ کر معنی آفرینی اور نکتہ سنجی کا طریقہ کار اپناتی ہے۔ غالباً اردو شاعری کے اسی مزاج کے باعث اس میں ڈرامائی یا بیانیہ شاعری کی کوئی بڑی روایت نظر نہیں آتی۔ یہ اپنے اظہار میں تہہ داری زبان کے اختصار اور استعاراتی اسلوب سے عبارت غنائی لہجے کا کلام ہے۔ گو کہ یہ ابتداء سے ہی عشق و محبت سے سروکار رکھتی رہی ہے مگر انفرادی یا مخصوص رشتوں کے تناظر میں نہیں بلکہ ایک وسیع تر جذبے اور ہمہ گیر انسانی احساس و تجربے کے طور پر۔ چنانچہ اردو شاعری کی یا پھر غالب کی شاعری کی مابعد الطبعیات کو اس کے اپنے ہی بنیادی اور فلسفیانہ سوالوں کے جوابات میں ڈھونڈا جاسکتا ہے۔ جیسے کائنات میں انسان کی جگہ اور اس کا مقدر، خدا اور انسان اور عشق و محبت کا مثالی یا اخلاقی تصور اور اس کی معنویت وغیرہ۔ اردو شاعروں کے تہذیبی و ثقافتی پس منظر اور ان کے کلام پر غور کیا جائے تو یہ سوالات اور ان کے جوابات باہم مربوط نظر آتے ہیں۔

غالب اور ان کے ہم عصروں کی شاعری عموماً صوفیوں کے کلام کی طرح عشق و محبت کی سرشاری یا تمنا و آرزو کی شدت کو Celebrate نہیں کرتی بلکہ ان احساسات و تجربات کے مختلف پہلوؤں کو بار بار نظم کرکے ان کی ہمہ جہتی اور پیچیدگی کا ادراک کرواتی ہے۔ فارسی شاعری کی روایت سے جڑے ہونے کے باعث اردو کی صنف غزل ایسے شعری تجربوں اور تخلیقی عمل کو فطری اور مثالی طور پر Carry کرنے کی غیر معمولی صلاحیت رکھتی ہوئی معلوم ہوتی ہے۔ غالباً یہی وجہ ہے کہ اردو شاعری کے ابتدائی دور (ریختہ) سے تا زمانۂ حال یہی مقبول ترین صنف رہی ہے جس کا اس سے بہتر متبادل

کہیں کسی دوسری زبان کی شاعری میں دکھائی نہیں دیتا۔ غالب کا یہ اعجاز رہا ہے کہ انہوں نے اردو میں اس صنف سخن کو اس کی معراج تک پہونچا دیا۔ انہوں نے اس میں ایک لٹتی اور برباد ہوتی ہوئی تہذیب کے تناظر میں اپنی وجودی بے بسی ایک اجنبی اقتدار اور کلچر کے اس کی جگہ لینے کے تئیں اپنی الجھن و تشویش اپنوں کے بچھڑ جانے اور سب کچھ گنوا بیٹھنے سے پیدا شدہ جانکاہ تنہائی اور ماضی کی روایت و اقدار اور انسانی رشتوں اور ان کی تقدیس کی بازیافت کی شدید خواہش سبھی کچھ سمو دینا چاہا چنانچہ یہ غزلیں جنہیں ہم Condensed verses کہہ سکتے ہیں وسیع تر انسانی ہمدردیوں اور شدید تر داخلیت سے عبارت ہیں جن میں عشق اور المیہ محبت ایک عظیم اور over reaching استعارہ بن کر ابھرتے ہیں کیونکہ شاعر کے نزدیک شاید یہی اسے خدا، کائنات اور انسان تینوں سے جوڑ کر رکھ سکتے ہیں۔ آخر میں کہنا چاہوں گا کہ غالب کی بہترین شاعری اپنی تحریر کی تمام تر شوخی کے باوجود ایک قسم کی گہری سوچ اور استغراق میں ڈوبی ہوئی شاعری ہے گو کہ اس کا پیرہن بہر حال کاغذی اور فریادی کا ساہی ہے کہ یہ کبھی دبی دبی سسکیاں بن کر ابھرتی ہے اور کبھی نالہ و شیون۔ اپنے مکتوبات میں بھی وہ خوں چکاں خامہ اور فگار انگلیوں سے حال دل لکھتے ہیں یا پھر مزاح کے پردے میں دل کے پھپھولے پھوڑتے ہیں۔

ایک دو نقادوں نے یہ خیال بھی ظاہر کیا ہے کہ غالب کی شاعری اپنے اجتماعی تاثر میں مغرب میں Wallace Stevens کی شاعری کے مزاج سے کسی قدر مماثلت رکھتی ہے جہاں ایک حقیقی اور ذہنی و تخلیقی زندگی جو جیسی اور جس طرح بھی جی گئی اس کی گونج اس انسان سے منسوب شاعری میں بھی بڑی حد تک سنائی دیتی ہے۔ چونکہ غالب کے یہاں بھی شخصی یا ذاتی اور آفاقی یا کائناتی الگ الگ نہیں ہیں تو یوں ان کی روداد حیات بھی نہ صرف ان کی ذہنی و تخلیقی دنیا کی کہانی سامنے لاتی ہے بلکہ اس وقت اور زمانے کی

بھی جس میں وہ سانس لیتے تھے۔ ساتھ ہی Stevens کی تخلیقات کی طرح ہی غالب کی شاعری میں بھی رومانویت اور عقلیت پسندی کے دو متضاد رویے ایک دوسرے سے بغلگیر ہوتے نظر آتے ہیں۔

یہاں اس بات کا اظہار بھی اہم معلوم ہوتا ہے کہ غالب کی شاعری اپنے قاری کے تیئں پر اعتماد لگتی ہے اور شاید اسی لئے اس کے ذوق و ذہانت کیلئے ایک چیلنج بن کر سامنے آتی ہے وہ اس کے احساس و شعور کا حصہ بن کر اس پر بتدریج منکشف ہونا چاہتی ہے کہ اسے اس کا درک ایک ایسے فنکار کی تخلیق کے طور پر ہو جس نے ایک انتہائی پر آشوب دور میں جیتے ہوئے تکمیلیت کی تمنا کی جب کہ تکمیلیت کا حصول ناممکن ہو چلا تھا یا پھر محبت کی نامرادیوں کا ادراک ہوتے ہوئے بھی اسے اپنی ذات کے حوالے سے ایک ایسے بے مروت زمانے میں ڈھونڈنے کی کوشش کرتا رہا جس سے وہ رخصت ہو چکی تھی غالب نے شاعری کی کہ شاید وہ اُسے ہی اپنی نجات کا آخری وسیلہ سمجھتے تھے اور اپنے ذہن میں بسنے والے اُس انسان کی شبیہ کی بازیافت کا بھی جس کے نقوش بڑی تیزی سے دھندلے پڑتے جارہے تھے۔

—ژان ماری گستاو لے کلیزو (فرانسیسی ادیب) نے 2008ء کا نوبل انعام پیش کئے جانے پر اپنے خطبہ قبولیت میں بڑے پتے کی بات کہی تھی کہ ہم کیوں لکھتے ہیں اس آسان سوال کا ہم سب اپنا اپنا جواب رکھتے ہیں۔ مگر ہم لکھ رہے ہیں تو اس کا مطلب یہ ہے کہ ہم عملی اقدام نہیں کر رہے ہیں اور ہم حقیقت کے روبرو اپنے آپ کو بڑی مشکل میں پاتے ہیں چنانچہ ہم نے اپنے رد عمل کو ظاہر کرنے کیلئے ایک دوسرا راستہ منتخب کر لیا ہے ابلاغ کا دوسرا وسیلہ، ایک مخصوص فاصلہ اختیار کر کے غور کرنے کا موقع ڈھونڈ لیا ہے۔

توشاید ایک انتہائی پر آشوب دور میں تاریخ کے جبر اور زندگی کی سفاکیوں کا سامنا کرنے کیلئے زبان کے دیگر وارثوں کی طرح جو کسی عملی اقدام کے سلسلے میں اپنے آپ کو بے بس پا کر ایک مخصوص فاصلہ اختیار کرتے ہوئے ابلاغ کا دوسرا راستہ منتخب کر لیتے ہیں غالب نے بھی شاعری کی اور اپنے دل کی باتیں یوں کاغذ کے سپرد کرتے رہے جیسے کسی قریبی شفیق دوست کو راز دار بنا رہے ہوں اور اس طرح شاعری کے استعاراتی اسلوب میں ایک ایسے دور میں بھی بات کرنے کی آزادی حاصل کر لی جو مکمل طور پر زبان بندی سے عبارت تھا۔ ہاں جب وہ مصلحتوں کے شکنجے میں کسے ہوئے "دستنبو" کی تصنیف کے لیے مجبور ہوئے اور یوں قلم کو سیدھے سیدھے ظالم و غاصب کی مدح سرائی کیلئے استعمال کرنے کا مرحلہ آیا تو انہوں نے ایک سچے ادیب کا فرض نبھاتے ہوئے کچھ خفیف ترین اور مبہم لکیریں ہی کھینچیں۔ اپنی شاعری اور تحریروں میں وہ وقت و تاریخ کے گواہ بنے گو کہ ہر ادیب کی طرح وہ بھی جانتے رہے ہوں گے کہ ان کی تخلیقات وقت کا دھارا نہیں بدل سکتیں مگر شاید ہر ادیب جب لکھتا ہے تصور کرتا ہے اور خواب دیکھتا ہے تو اس کے دل میں یہی آرزو دبی ہوتی ہے کہ مبادا اس کے الفاظ اختراعات اور اس کے خواب حقیقت پر اثر انداز ہو جائیں اور ایک بہتر دنیا کے لئے راستہ ہموار ہو جائے کیونکہ بقول ژاں ماری گستاو ادیب کوئی عملی اقدام نہیں کر سکتا وہ صرف لکھ سکتا ہے کہ اگر اسے کچھ آتا ہے تو بس سوچنا، یاد کرنا اور تصور کرنا۔

***

مغربی فکشن میں جنسی اظہار کی آزادی (ایک مختصر جائزہ)

میری اس رائے سے شاید کم ہی لوگوں کو اختلاف ہو گا کہ بیسویں صدی کا مغربی فکشن ایک قسم کے جنسی انقلاب سے عبارت رہا ہے (یہ بات مغرب کے ان ممالک کے ادب پر صادق نہیں ہوتی جہاں کمیونسٹ یا کسی اور نوعیت کی ڈکٹیٹر شپ قائم رہی اور پسے اور نشر و اشاعت پر حکومت کا مکمل کنٹرول رہا ہے) مغربی فکشن میں در آئے اس واضح رجحان کو اس دور میں وہاں بڑھتی ہوئی سائنسی اور معاشرت اور اقدار و روایات میں ہوئی بڑی تبدیلیوں سے جوڑ کر دیکھا جانا چاہیئے کہ فکشن ادب کی دوسری اصناف کے قابل ان عناصر کی بھرپور عکاسی کرتا ہے گو کہ اس ضمن میں یہ بحث بھی عرصے سے جاری رہی ہے کہ کسی دور کا ادب اس دور کے سماجی شعور میں تبدیلیاں لانے کا باعث ہوتا ہے یا پھر محض دیگر وجوہات سے در آئی تبدیلیوں کا عکاس۔ اس بحث سے گریز کرتے ہوئے ہم یہاں مغربی ادب میں اظہار کی آزادی کیلئے کی گئی اس مسلسل جدوجہد کا سرسری جائزہ لیں گے جس نے بیسویں صدی میں تیز تر ہو کر فکشن میں اس جنسی انقلاب کیلئے راہ ہموار کی۔ اگر یہ کہا جائے تو کچھ غلط نہ ہو گا کہ اس انقلاب کی بنیاد 19 ویں صدی میں ہی پڑ چکی تھی۔ 19 ویں صدی کو عام طور پر رومانوی ادب کی تخلیق کا دور مانا جاتا ہے جو ایک قسم کی شدید جذباتیت اور آئیڈیلزم سے عبارت رہا ہے۔

اس دور میں پائے جانے والے ماورائی عشق کے تصور اور محبت میں مثالیت شدید جذباتیت اور رومانی کرب کا بھرپور اظہار کی نمائندگی کرتی ہیں۔ گو کہ اس دور کے بڑے

ادیبوں کی تخلیقات کا مطالعہ کیا جائے تو واضح ہو گا کہ ان میں سے شاید ہی کسی نے ادب کو صرف ذات کے اظہار یا جذباتیت اور آئیڈیلزم کیلیئے وقف کیا وغیرہ۔ نے عشق و محبت کے علاوہ انسانی وجود کے دوسرے سماجی اور داخلی مسائل کو بھی اپنے اظہار کا موضوع بنایا اور محبت کو محض جذباتیت نہیں بلکہ ایک عظیم انسان جذبے کے طور پر پیش کیا۔ پھر بھی اس صدی کا قاری بنیادی طور پر رومانیت پسند ہی تھی اور حقیقت سے آنکھ ملانے کی جرات نہ رکھتا تھا۔ یہی وجہ تھی کہ جب ZOLA نے Nana اور Flaubart نے Madam Bovary لکھ کر سماجی حقیقت نگاری کی مثالیں پیش کیں تو اس دور کے نقادوں نے انہیں فحش اور اخلاق سے گرے ہوئے ادب قرار دیا۔ چند سالوں بعد ڈرامے کو اسی قسم کے لعن طعن کا نشانہ بننا پڑا۔

مگر 19 ویں صدی کے اختتام تک مغربی فکشن میں حقیقت نگاری کے پردے میں ایک طرح کا جنسی انقلاب اپنے قدم جما چکا تھا۔ برنارڈ شا نے اپنے تحریری ڈراموں Pygmalion, Major Barbara اور Arms and the Man وغیرہ میں ایسی عورتیں پیش کر کے سنسنی پھیلادی جو خود اپنے دماغ سے سوچتی ہیں اور اپنی جذباتی و جنسی خواہشوں کی تکمیل کیلیئے جسمانی تعلقات قائم کرنے میں کوئی جھجک نہیں محسوس کرتیں۔ H.G.Wells کو ایک ایسی لڑکی کا کردار پیش کرنے کیلیئے سزا ہوتے ہوتے بچی جو جنسی آزادی کی قائل ہے اور پھر D.H. Lawrence پر جس نے اپنی پہلی ناول 1910ء میں شائع کی جس کے تعلق سے بے باک اور فحش نگاری کا الزام لگا۔ اس کی ابتدائی زمانے کی ناول The Trespasser کو اشاعت کے سلسلے میں تکلیف دہ مراحل سے گزرنا پڑا اور بعد میں Women In Love کی اشاعت ممنوع قرار دے دی گئی (شاید آج کے قاری کو لارنس کے اس ناول کو ایک ادبی شاہکار ماننے میں ذرا بھی تامل نہ

ہو گا۔ لارنس بنیادی طور پر ایک شاعر تھا جس کی ناولیں فکشن اور پوٹری کی بہترین مثالیں ہیں یہاں بات صرف اتنی تھی کہ اپنی ناولوں میں اس نے دیگر موضوعات کی طرح جنسی ،احساسات و تجربات کو بھی پوری بے پاکی اور فن کا دیانت داری سے برتنے کی جرات کی ایک حساس ادیب کی حیثیت سے اسے اس بات کا شدید احساس تھا کہ عصری سماجی و معاشرتی زندگی حد درجہ سطحی وکمتر ہو چلی ہے اور یوں انسان کی داخلی وروحانی ضرورتوں کیلئے غیر اطمینان بخش اور ناکافی ہے۔ غالباً اس احساس کی بناء پر اس نے Lady Chatterley's Lover میں ایک ایسی عورت کا کردار پیش کیا جس کی معاشرتی وداخلی زندگی ایک قسم کے انتشار اور بے معنویت کا شکار ہو چکی تھی مگر جب وہ کھوکھلے سماجی قوانین اور بوسیدہ روائیوں کو نظر انداز کر کے ایک گے کیپر سے جذباتی و جنسی محبت کا رشتہ استوار کر لیتی ہیں تو تھوڑے وقفے کیلئے ہی اسے اپنی زندگی میں ایک ٹھہراؤ اور طمانیت کا احساس ہوتا ہے۔ گو کہ لارنس کے یہاں بھی جنسی محبت عورت اور مرد کے وجود کو ایک مقصد و معنی بھی عطا کر سکتی ہے جب ان کی زندگیاں فطرت سے ہم آہنگ ہوں۔

بیسویں صدی کے اوائل میں جنس سے متعلق ذہنی تصورات اور سماجی شعور میں ایک مثبت انقلاب لانے والی ادبی شخصیتوں میں لارنس بڑی حد تک تنہا نظر آتا ہے۔ دوسرے بہت سے اوسط درجے کے ادیبوں کا رول ناقابل ذکر یا منفی رہا۔ اگر خود ان کے اپنے کچھ غیر روایتی اور حقیقت پسندانہ جنسی تصورات تھے بھی تواس کے اظہار سے بجائے انہوں نے رائج اخلاقی اقدار کی ہے بے حرمتی اور رومانوی جذباتیت کی تضحیک کو ہی اپنا ادبی نصب العین جانا۔ ایسے میں لارنس ان کی صفوں میں ہوں تنہا ادیب نظر آتا ہے جسے بیسویں صدی کے فکشن میں در آئے جبشی انقلاب کا پیغامبر کہا جاسکتا ہے جس

نے جنس کے موضوع کو اپنی تخلیقات میں ایمان کی سی پختگی سے برتا اور اسے مذہب کا سا تقدس عطا کیا۔

اس ضمن میں دوسرا اہم نام Joyce کا ہے Joyce کی Lady Chatterley's Lovers اور Ulysses سے چھ سال پہلے شائع ہوئی یہ ناول اس بور میں ادب میں روایت پرستوں اور نام نہاد و اخلاقی قدروں کا تحفظ کرنے والوں کیلئے ایک تازیانہ ثابت ہوئی چنانچہ اسے انہوں نے فحش ادب کی بدترین مثال قرار دیا۔(آج مغربی فکشن کی نمائندگی دشوار ہو گی)روایت پرستوں کے اس ناول کی اشاعت کے خلاف گھ جوڑ کی کئ وجوہات میں سے ایک ابھی تھی کہ اس میں جوائس نے کچھ ایسی چیزیں لکھ کر قارئین کے ذہنوں کو جھنجھوڑنے کی کوشش کی تھی جو اس سے پہلے انہوں نے صرف پیشاب خانوں کی دیواروں پر لکھی ہوئی دیکھی تھیں(مثال کے طور پر قحبہ خانے کے منظر میں استعمال کی گئ زبان)مزید یہ کہ ناول کا افتتاح ہیرو کو اپنی بیوی کے کولہوں کا بوسہ لیتے ہوئے دکھا کر کیا گیا ہے۔

انگلینڈ اور امریکہ کی پچھلی ایک صدی کے فکشن پر نظر ڈالی جائے تو ہم اس نتیجے پر پہونچ سکتے ہیں کہ فحاش کے نام پر رجعت پرستوں کے ادب کو روایتی اقدار کی بندشوں میں جکڑ کر رکھنے کی جو کوششیں آج تک جاری ہے اس کی پرزور کوشش کی اشاعت کے وقت ہوئی تھی لیکن بہت جلد نقادوں کے ایک سنجیدہ طبقے کو یہ اعتراف کرنا پڑا کہ یورپین ناول کے ارتقاء کی تاریخ میں Ulysses ایک سنگ میل کی حیثیت رکھتی ہے اور اس کی ادبی حیثیت انفرادیت اور ہمہ گیری شکوک شبہات سے بالاتر ہے اس سب کے باوجود اس دور کی حکومت نے اس پر یہ کہہ کر پابندی عائد کر دی تھی کہ ادب میں ارتقاء یا انفرادیت کے نام پر فحش نگاری کو بڑھاوا انہیں دیا جا سکتا کیونکہ نوجوان نسل کے ذہنوں پر اس کے

مضر اثرات مرتب ہو سکتے ہیں۔ بعد کے دنوں میں ایک ماڈرن یورپین کلاسیک کے طور پر اس کی جو پذیرائی ہوئی اس سے سبھی واقف ہیں اسے نہ صرف فسق ناول نگاری میں ایک نئی ٹکنیک کا اضافہ کرنے والی ناول مانا گیا بلکہ اس میں جوائس کے زبان کے مکرر روایتی اور تخلیقی استعمال کے ذریعے اب تک عملی طور پر Exhaust ہو چکی ، تصور کی جانے والی انگریزی زبان میں ایک نئی زرخیزی کے امکان کی نشاندہی کرنے والی تصنیف بھی کہا گیا۔

1930ء میں جب انگلینڈ اور امریکہ میں Ulysses کی اشاعت پر سے پابندی اٹھا لی گئی تو وہاں ادب میں جنسی اظہار کی آزادی کی جدوجہد بڑی حد تک کامیابی سے ہمکنار ہو چکی تھی۔ اس کے بعد ہی امریکی ناول نگار William Faulkner نے یکے بعد دیگرے کئی ایسی ناولیں لکھی جن میں زندگی کا وحشیانہ اور تاریک تصور پیش کیا گیا تھا اور اس مقصد کیلئے جنس اور تشدد کے ہتھیاروں کا جرأت مندانہ استعمال کیا گیا تھا۔ مثال کے طور پر The Sound and the Fury اور Sanctuary اس نے بھی لارنس کی طرح ادب میں نام نہاد اخلاقی اور روایتی قدروں کے خلاف بغاوت کا علم بلند کیا تھا۔

گو کہ لوگ ابھی تک فکشن میں جنسی اظہار کی آزادی سے ذہنی طور پر سمجھوتا نہ کر سکے تھے پھر بھی ضرور ہوا کہ Sanctuary کی اشاعت نے ان کمتر درجے کے لکھنے والوں کیلئے راستہ کھول دیا جن کا اولین مقصد ایسی کتابوں کی اشاعت کے ذریعے روپے کمانا تھا اور اس طرح 1940ء تک امریکہ اور یورپ کے دیگر ممالک میں لاکھوں کی تعداد میں پیپر بیکس چھپنے لگیں جن کے موضوعات جنس ، تشدد، سادیت پسندی اور Gangsterism وغیرہ تھے ایسی ہی ایک ناول جو ادبی معیار سے نسبتاً بہتر تھی اور جسے غیر معمولی شہرت حاصل ہوئی وہ James Hadley Chase کی No Orchids for Miss Blandish تھی اس میں Sanctuary کی ہی طرح مس بلینڈش ایک امیر

گھرانے کی لڑکی ہے جسے Gangsters نے اغواء کر رکھا ہے وہاں ان کے بچے ایک بوڑھی خبیث عورت MA ہے جس کا بیٹا Slim ایک سادیت پسند ہے اور اس میں بلینڈش کے وہاں پہونچنے سے پہلے عورتوں سے متنفر تھا مگر اس لڑکی سے ملنے کے بعد وہ اس کے ساتھ ہر اس طریقے سے جنسی لذت حاصل کرنے کی کوشش کرتا ہے جس کا تصور اس کا بیمار ذہن کر سکتا تھا۔ ناول کے افتتاح پر جب وہ مارا جاتا ہے تو مس بلینڈش کو اس کی جدائی میں خودکشی کرتے ہوئے دکھایا جاتا ہے کہ SLIM نے اس کی جو عادتیں ڈال دی تھیں اس کے بعد وہ عام انسانوں کی سی زندگی گذارنے کے قابل نہیں رہ گئی تھی۔

اس قماش کی ناولیں گو کہ ان کی کوئی باقاعدہ ادبی حیثیت نہ تھی 1040ء سے 1960ء کے درمیان لاکھوں کی تعداد میں شائع ہوئیں اور آج تک ہو رہی ہیں یہاں تک کہ اسی دور میں کچھ ایسی تحریروں کی کھوج اور اشاعت بھی ہوئی جو 18 ویں اور 19 ویں صدی میں صرف روساء اور امراء کی تفریح طبقے کا سامان رہی تھیں اور یوں عوام کے سامنے آسکیں تھیں۔ مثال کے طور پر John Cleveland کی Fanny Hill جسے Memoirs of a Woman of Pleasure کے نام سے بھی شائع کیا گیا۔ یہ 1749ء میں لکھی گئی تھی جب اس کی چند کاپیاں ہی سرکولیشن میں رہی تھیں۔ تقریباً دوسو سالوں بعد یہ 1963ء میں دوبارہ شائع ہوئی اور ہاتھوں ہاتھ لی گئی۔ اپنے موضوع کے باوجود اسے ایک اور ادبی شاہکار مانا گیا اس طرح 1882ء میں محدود طور پر شائع ہوئی۔ Weller کی "The Pearl" نامی "My Secret Life" Sexual Journal کے بیشتر شمارے بھی اس دور میں ایک ساتھ ملا کر دوبارہ شائع کئے گئے۔ اس طرح ہم غور کریں تو یہ نتیجہ بھی نکال سکتے ہیں کہ ماضی میں جو لوگ کھلے عام اشاعت سے خائف تھے

ان کے اندیشے کچھ ایسے بے بنیاد بھی نہ تھے۔

1950ء کے بعد Ian Fleming نے اپنی James Bond سیریز کے ذریعے Gangster ناول کو ایک نئے انداز میں پیش کیا۔ یہ ناولیں اس معنی میں بہتر کہی جاسکتی ہیں کہ ان میں وہ تمام باتیں جو جنس اور جرائم کے موضوع پر لکھی گئی کتابوں کو اشتعال انگیز بناتی ہیں کسی قدر فنی مہارت سے پیش کی گئی تھیں لیکن اس حقیقت کو بھی فراموش نہیں کیا جاسکتا کہ یہ بھی کاروباری مقاصد کیلئے لکھی جانے والی کتابیں تھیں۔ تقریباً اسی طرح کی Julian Thomson کی ناول امریکن The Killer Inside Me بھی تھی جس پر حال میں بنی برٹش ڈائرکٹر Michael Winter Bottom کی فلم نے Torture porn کو اپنی انتہا تک پہونچا دیا ہے۔ کہا جاتا ہے کہ اس میں ایسے بھیانک اور ہیجان انگیز مناظر پیش کئے گئے ہیں کہ کتنی ہی عورتیں فلم کے دوران تھیٹر سے باہر نکل آئیں۔

گو کہ ہر بات بڑی حد تک سچ ہے کہ اس قسم کی بازاری کتابوں کا اتنی بڑی تعداد میں چھپنا اور فروخت ہونا ادب کی نشر و اشاعت کے متعلق قوانین میں نرمی کا ہی نتیجہ تھا مگر اس سے یہ مطلب نکالنا مناسب نہ ہوگا کہ ادب میں اظہار کی آزادی کیلئے جدوجہد کرنے والوں نے ہی اس طرح کی گھٹیا درجے کا جنسی چٹخارہ فراہم کرنے والی کتابوں کی اشاعت کیلئے راہ ہموار کی۔ یہ لوگ ادب کے دائرے میں رہ کر ادیب کیلئے تخلیقی آزادی کی خاطر جدوجہد کر رہے تھے اور اس بات کیلئے کوشاں تھے کہ ادب اور Under The Counter Books کے درمیان تفریق کی جائے جس کے نہ ہونے پر اس بات کا اندیشہ تھا کہ ادبی شہ پارے عوام تک نہ پہونچ سکیں گے۔ آج بازار میں بکنے والی لاکھوں پیپر بیک بازاری کتابوں کو ثبوت فراہم کرتی ہیں تفریق نہیں کی گئی۔

1950ء سے 1960ء کے عرصے میں مغربی ادب میں جنسی انقلاب نے کئی اور منزلیں طے کیں۔ 1955ء میں پیپرس میں امریکن ٹورسٹس کیلئے شائع ہوئی جس کا موضوع ایک ادھڑ عمر کے مرد کا ایک گیارہ سال کی نابالغ لڑکی کیلئے جو اس کی سوتیلی بیٹی بھی ہے دیوانگی کی حدوں تک پہونچی ہوئی شہرت ہے اس کتاب کی ادبی حیثیت مسلم ہے اپنی تخلیقی زبان اور اعلیٰ ادبی اسلوب کے باوصف اسے بیسویں صدی کی ایک اہم ناول مانا گیا ہے۔ دوسری وجوہات کے علاوہ اس کی ایک وجہ یہ بھی ہے کہ ایک ادھڑ عمر کے مرد کی جنسی گمراہی سے زادہ سماج کے اس مخصوص طبقے کی جنسی تشنہ کامی کا المیہ ہے جسے ہم جنسی اعتبار سے منفرد یا پھر جنسی حقوق سے محروم کہہ سکتے ہیں اسے ایک اہم ادبی تخلیق کا درجہ غالباً اس لئے دیا گیا کہ اس کے تخلیق کار نے ایک بظاہر پست لگنے والے موضوع کو بھی فن کارانہ انداز میں برت کر یہ ثابت کر دکھایا ہے کہ دیگر موضوعات کی طرح جنسی شہوت بھی بلند شاعرانہ اور ادبی خصوصیات کی حامل تخلیقات کا موضوع بن سکتی ہے۔ مغربی ادب میں جنسی انقلاب نے ایک اور معرکہ سر کر لیا جب انگلینڈ اور امریکہ میں اس کتاب کی اشاعت پر پابندی نہیں لگائی گئی گو کہ روایت پرستوں نے اس کے بازار میں آنے پر کافی واویلا مچایا۔ شاید اسی قسم کے احتجاج کا نتیجہ تھا کہ یہ امریکہ میں Best Seller بن گئی جبکہ ناروے اور سوہڈن وغیرہ میں جہاں کا معاشرہ زیادہ جنسی آزادی روا رکھتا ہے اس کی اشاعت کا کچھ زیادہ نوٹس نہیں لیا گیا۔ ادب میں اظہار کی آزادی کیلئے جدوجہد کرنے والوں کیلئے اگلا مرحلہ امریکہ میں Lady Chatterley's Lover کی اشاعت پر سے پابندی ہٹوانا تھا۔ اس میں اب زیادہ دشواری نہیں پیش آئی اور یہ کتاب شائع ہوتے ہی Best sellers کی لسٹ پر آگئی۔ بعد ازاں 1960ء میں اسے انگلینڈ میں بھی اشاعت کی اجازت مل گئی۔

ان حالات میں اب یہ فطری تھا کہ اشاعتی ادارے ایسی کتابوں کی اشاعت میں ایک دوسرے پر سبقت لے جانے کی کوششیں شروع کر دیں جنہیں فحش قرار دیا جاسکتا تھا۔ Henry miller ایسے ادیبوں اور ناشروں میں سرفہرست تھا۔ میلر کی The tropic of Cancer،1930ء اور 1940 کے درمیان شائع ہو چکی تھی اور نقادوں کا ایک بڑا طبقہ اسے ایک عہدہ ادبی تخلیق کا پرواز بھی دے چکا تھا اس لئے امریکہ کے ایک دو صوبوں کو چھوڑ کر اس پر کہیں بھی پابندی لگانے کی کوشش نہیں کی گئی اس کے بعد اس کی دوسری تصنیفات وغیرہ کی اشاعت آسان ہو گئی۔ انگلینڈ میں اس کی Nexus Plexus اور The Rosy Crucifixion بھی شائع ہو جانے کے بعد ایسا لگنے لگا کہ مغرب کے سماجی منشور میں اس حد تک ضرور انقلاب رونما ہو چکا ہے کہ اب کی اپنی کتاب کے شائع ہونے پر عام طور پر کوئی اعتراض نہیں کیا جاتا جس کے بارے میں شبہ نہ گذرے کہ وہ سستے ذرائع سے روپیہ کمانے کیلئے لکھی گئی ہے۔ ہاں Frank Harris کی سوانح My Life کی حیثیت پھر بھی انتہائی رہی جس پر ان حالات میں بھی پابندی لگائی گئی گو کہ ضخیم کتاب کو چھوڑ کر یورپ کے ایک مخصوص اور اتھل پتھل والے دور سے متعلق ایک اہم سماجی اور سیاسی دستاویز کہی جاسکتی ہے۔ ایک ہزار سے زیادہ صفحات پر مشتمل اس کتاب میں مشکل سے پچاس صفحات ملیں گے جس پر جنسی لذتیت کا گمان گذرے لیکن یہ بھی فرینک جیسے معروف ڈپلومٹ اور صحافی کی ادبی نیک نیتی پر ضرب لگانے سے قاصر معلوم ہوتے ہیں۔

بیسویں صدی کے آخری چند دھوں میں کتابوں کی اشاعت کے سلسلہ میں ایک دلچسپ بات یہ دیکھنے میں آئی ہے کہ کئی کتاب پر فحش لگانے کا الزام اس کی بے پناہ شہرت کا باعث بن جاتا ہے اور اس کے بعد اس کا Best seller کی لسٹ پر آجانا تقریباً

یقینی ہوتا ہے اس لئے ادب میں روایتی اقدار کے محافظ اور اجنبیت پرست اس بات کو سمجھ گئے ہیں کہ جب تک خود ادیب کی نیک نیتی ہی بنیادی طور پر شکوک نہ ہو ان کا کسی کتاب کی اشاعت پر اعتراض کرنا فحش نگاری کیلیئے تشہیر کنندہ کی خدمات انجام دینے کے مترادف ہو گا۔ نتیجہ یہ ہے کہ آج کتنا ہی ایسا فکشن شائع ہو رہا ہے جس کی اشاعت آج سے پچاس ساٹھ سال پہلے قطعی ممکن نہ تھی مگر ان پر کوئی بھی فحاشی کا الزام عائد کرنے کیلیئے آگے نہیں آتا۔

William Burroughs کی The Naked Lunch

Maxwell Kenton کی Candy اور

کی یورپ اور امریکہ میں اشاعت سے مغربی فنکشن میں جنسی اظہار کی آزادی کی مزید تصدیق ہوتی ہے ان کتابوں کے ماضی میں شائع ہونے کا تصور کرنا بھی محال معلوم ہوتا ہے۔ ایک ایسے انسان کی زندگی کے تجربات کا جرأت مندانہ اظہار ہے جو نشہ اور اشیاء کا عادی ہونے کے ساتھ ساتھ غلام بازی اور اذیت کوشش وغیرہ کی علامتوں میں بھی مبتلا ہے Burroughs جوائس کی Ulysses میں زبان کے غیر روایتی استعمال اور تخلیقی اسلوب سے متاثر نظر آتے ہیں اور اپنی اس ناول میں انہوں نے جوائس کا ساطریقہ اظہار اپنانے کی کوشش کی ہے۔

اسے پڑھنے پر قاری کو ایک صدی بعد ہر چیز کی بے ثنائی اور بے معنویت کا بڑی شدت سے ہوتا ہے مثلاً یہ احساس کہ جنسی لذت حاصل کرنے کیلیئے انسان تخلیل نے چاہے جتنے وسیلے یا طریق کار ایجاد کر لیے ہوں اسے مکمل طمانیت حاصل ہو جانے کا دھوکا صرف وقتی طور پر ہی ہو سکتا ہے کہ متمدن دنیا کے پس منظر میں ان جبلتوں کی بار آوری دشوار ہے۔ نیز یہ ایساس فطرت سے کٹ کر بھی سارے امکانات فتح ہو چکے ہیں اور مزید

آگے جانے کا کوئی راستہ نہیں بڑا مہلک اور جان لیوا ہو سکتا ہے۔ گو کہ نام نہاد مہذب انسان کی زندگی کا یہ شروع سے ہی المیہ رہا ہے مگر اخلاقی اور روحانی زوال کے موجودہ دور میں یہ مزید ابھر کر سامنے آگیا ہے۔ William Burroughs کی اس ناول کو جو عصر حاضر کے انسان کی زندگی کے جنسی و روحانی پہلوؤں کی اتنی بھرپور عکاسی کرتی ہے محض فحش نگاہی سے تعبیر کرنا ایک حماقت سے کم نہ ہو گا۔

Maxwell Kentor کی Candy بھی ان بہت سی کتابوں میں سے ایک ہے جن کی اشاعت پر خاص پابندی عائد کی گئی تھی اور جو ادھر چند دہوں پہلے ہی کھلے عام شائع ہو سکیں ان کتابوں میں Lolita، Plexus اور The Ginger Man وغیرہ شامل ہیں Candy کو 1964 میں عام اشاعت کی اجازت ملی جس سے پہلے پر انڈر دی کاونٹر ٹیکس کے طور پر امریکی سیاحوں کو فراہم کی جاتی تھی۔ چھپتے ہی Best seller لسٹ پر آگئی۔ سنجیدہ نقادوں نے اسے فحاش کے فرسودہ الزام سے بری کروانے کیلئے کسی قسم کے دلائل پیش کرنے کی ضرورت نہیں سمجھی اور اس بات کا بلا تکلف اعتراف کیا کہ یہ ادب میں جنس کے بے باک اور جرأت مندانہ اظہار کی بہترین نمائندگی کرتی ہے کینڈی ایک امریکن کالج گرل ہے جو اپنے ایک ایسے پروفیسر سے وابستہ ہو جاتی ہے جو یوں تو جمالیات اور ابدیت وغیرہ پر بے تکان بولتا ہے اور بڑے بھاری بھر کم فقرے استعمال کرتا ہے مگر جس بات میں اسے حقیقی دلچسپی معلوم ہوتی ہے وہ خوبصورت طلباء و طالبات سے جنسی تعلقات قائم کرنا ہے Candy اپنے اسی پروفیسر کے ساتھ جڑ کر جنسی تجربات کرنے کے جنون میں مبتلا ہو جاتی ہے اس کتاب کو پڑھ کر قاری کو جس بات کا بہت نمایاں احساس ہوتا ہے وہ یہ ہے کہ اس میں جنس کو ایسی سطح پر برتا گیا ہے کہ وہ ایک حد درجہ مضحکہ خیز اور لغو چیز محسوس ہونے لگتی ہے اپنے اس تاثر کے باعث یہ کتاب بیسویں

صدی کے متمدن انسان کی جنسی زندگی کے زوال کی ترجمان معلوم ہوتی ہے جب کہ جنسی عمل اپنی تخلیقی جہت سے جدا ہو کر محض جسمانی لذت کا وسیلہ بن کر رہ گیا ہے اور یوں آج کے انسان کیلئے اکثر اس کے غیر طمانیت بخش، بے معنی اور مہمل ہونے کے احساس سے بچ پانا محال ہے۔ اس بات سے انکار اب آسان نہیں کہ ہماری زندگی کے جنس جیسے اہم پہلو کا ایک بے معنی اور مضحکہ خیز حرکت بن کر رہ جانا ہمارے لئے اس بات کی تنقید ہے کہ ہم اخلاقی وروحانی زوال کی اس منزل پر کھڑے ہیں جس کے پرے تاریکی یا اندھیرے کے سوا کچھ نہیں چونکہ مغرب کو اس تلخ حقیقت کو سمجھنے کی زیادہ سے زیادہ ضرورت ہے شاید اسی لئے امریکہ کے کئی اہم نقادوں نے اس بات کی پر زور سفارش کی تھی کہ Candy امریکہ کے ہر گھر میں پڑھی جائے۔ ویسے Edgar Wallace اور Sidney Sheldon وغیرہ کا تحریر کردہ کتنا ہی ایسا فکشن جنسی اظہار کی آزادی کے اس دور میں دنیا بھر میں بلاروک ٹوک شائع ہو کر عوام تک پہونچ رہا ہے جو ماضی میں فحش نگاری کے الزام سے نہ بچ پاتا اور بالکل یہی حال جدید مغربی ادب کی نمائندگی کرنے والے فکشن نگاروں Marquis Gabriel Garcia، Milan Kundera اور Vargas Leosa وغیرہ اور ان کے کئی ادبی شاہکاروں کا بھی ہوا ہوتا جو اپنے قارئین تک اتنی آسانی سے پہونچ پاتے۔

احتیاطاً یہ کہا جاسکتا ہے کہ مغربی ادب اور خصوصاً مغربی فکشن میں جنسی اظہار کی آزادی کی جو جدوجہد Ulysses یا Lady Chatterley's Lover کی اشاعت پر سے پابندی ہٹانے کی مانگ سے شروع ہوئی تھی وہ اب مختلف مراحل طے کرتے ہوئے یوں اپنے فل سرکل کو پہونچ چکی ہے کہ کبھی کے روایتی اور فرسودہ اخلاقی معیاروں پر پرکھنے پر جو ادب شرمناک یا فحش قرار پاتا تھا وہ آج عصری زندگی کی حقیقتوں کا ترجمان معلوم ہو رہا

ہے اور اس لئے قابل قبول ہو چلا ہے۔ شاید اب مغرب میں فحش نگاری جیسی باتوں کا روایتی تصور نہیں رہا اور آج صرف ایسی تحریروں کو فحش Vulgar قرار دیا جائے گا امکان ہے چاہے اس کا موضوع کچھ بھی ہو جو بھونڈے اور غیر فنی انداز سے لکھی گئی ہوں اور جس کے مصنف میں تخلیقی صلاحیتوں کا فقدان ہو۔

***

معنی کا گمان (تنقیدی مضامین کا مجموعہ از پروفیسر خالد سعید)

کرناٹک اردو اکیڈمی کی جانب سے شائع کیے گئے، پروفیسر خالد سعید کے تنقیدی مضامین کے تیسرے مجموعے "معنی کا گُمان" پر تبصرے کا فریضہ مجھے سونپا گیا ہے، پروفیسر خالد سعید میرے نصف ہم نام ہونے اور مجھ سے قربت رکھنے کے ساتھ ساتھ ایک نہایت ذہین منکسر المزاج اور علم دوست انسان کے طور پر بھی مجھے عزیز ہیں۔یوں علمی اور ادبی موضوعات پر اُن سے غیر رسمی گفتگو تو اکثر ہوتی رہتی ہے مگر ان کے تحریر کردہ تنقیدی مضامین کی باقاعدہ جانچ پرکھ کو میں اپنی علمی بصیرت سے کسی قدر آگے کی بات خیال کرتا رہا، ویسے بھی رفیقوں اور حریفوں دونوں کی ادبی کاوشوں پر رائے زنی عموماً کوئی خوش گوار عمل نہیں ہوتا تاآنکہ آپ بڑی حد تک معروضی رویہ اختیار کر سکتے ہوں اور حق گوئی کے ساتھ ساتھ مروت ورواداری کا دامن بھی ہاتھ سے نہ جانے دیں، بہرحال "معنی کا گمان" پر اِس تبصرے میں (جسے میں اپنا ردعمل کہنا زیادہ مناسب سمجھتا ہوں) حسب ضرورت اور حسبِ حالات ان دونوں روِیّوں کو اپنانے کی کوشش کی گئی ہے۔

خالد سعید کی تنقیدی تحریروں کو غور سے پڑھنے پر میں اِس نتیجے پر پہنچا ہوں کہ وہ بنیادی طور پر ایک ہئیتی اور تجزیاتی نقاد ہیں۔ گو کہ اپنے مضامین میں یہاں وہاں انہوں نے تحقیقی، نفسیاتی اور اسلوبیاتی طریقۂ کار سے بھی کام لیا ہے۔ البتہ تاثراتی تنقید سے جس کے نمونے اردو میں بکثرت ملتے ہیں، نہ صرف اُن کے ذہن کو کوئی علاقہ نہیں معلوم ہوتا

بلکہ اُسے انہوں نے اپنے لیے ایک Taboo بھی بنا رکھا ہے۔ یعنی کہ وہ متن کی ساخت اور اُس کے تشکیلی اجزاء کے مطالعے و تجزیے کے ذریعہ اُس کے معنی و مفہوم کو دریافت کرنا چاہتے ہیں نہ کہ محض اُن تاثرات پر اکتفا کرنا جو متن کی قراءت کے دوران ذہن میں قائم ہو جاتے ہیں۔ غالباً ان کے تنقیدی ذہن کی تربیت اس طور پر ہوئی ہے کہ اُنہیں تاثراتی تنقید میں معروضیت کے فقدان اور شخصی نظریات و تعصبات کی آمیزش کے اِمکان کا ادراک بہت پہلے ہی ہو چلا تھا۔ کسی فن پارے کی Structural study بہت دِقت طلب کام ہے۔ اس کے لیے ذہانت کے ساتھ ساتھ باریک بینی اور عرق ریزی بھی درکار ہے۔ خالد سعید کے مضامین اپنے مصنف میں ان اوصاف کے بدرجۂ اتم موجود ہونے کے شاہد ہیں۔ انہوں نے کم لکھا ہے مگر شاید اسی باعث وہ پوری طرح تیار اور Motivated ہونے کے بعد ہی قلم سنبھالتے ہیں۔ چنانچہ ان کے زیادہ تر مضامین اپنے لکھے جانے کا مثبت جواز فراہم کرتے نظر آتے ہیں۔ مزید کچھ کہنے سے پہلے آیئے یہ دیکھ لیں کہ وہ خود اپنے اس vocation کے متعلق کیا کہتے ہیں۔ زیر نظر مجموعے میں شامل اُن کے پیش لفظ کے ایک یا دو اقتباس اِس کی صراحت میں مددگار ہو سکتے ہیں۔

"تنقید میرا کاروبار نہیں ...شوق ہے مشغلہ ہے ... ادبی تخلیقات کی معنویت تک رسائی حاصل کرنے کا شوق اور ادبی مسائل کو سمجھنے کا مشغلہ۔ لیکن یہ شوق فضول دیوانگی کی مشکل اختیار نہیں کر پایا۔ لہٰذا میرے مضامین تخلیقات کی تفہیم و تعبیر سے اور ان سے لذت اندوزی کی کوششوں سے عبارت ہوا کرتے ہیں... ابتدا سے ہی میرا یہ احساس رہا ہے کہ تنقید محض معنی کی تلاش ہی سے عبارت نہیں بلکہ اُن وسائل و ذرائع کا مطالعہ بھی، جو معنی کی استقامت میں استعمال کیے جاتے ہیں تنقید کے وظائف میں شامل ہے... وسائل و ذرائع سے میری مراد زبان، بدیعات، تکنیک اور ہئیت کے مرکب سے ہے...... جہاں تک

معنی کی تلاش کی بات ہے ہم معنی کہاں تلاش کرتے ہیں، معنی کے نام پر اپنی تعبیریں پیش کرتے ہیں ...ورنہ ناقدین و شارحین کو کیا پڑی تھی کہ جن اشعار کی تشریح خود غالب نے فرمادی ان کے بھی معنی بیان کرتے رہیں...... بعد میں احساس ہوا کہ معنی تحریر میں نہیں پسِ تحریر ہوا کرتے ہیں، اور اب میرا خیال ہے تنقید کسی ادبی تخلیق کی تفہیم و تعبیر یا پسِ تحریر معنی کی تلاش ہی سے عبارت نہیں بلکہ معنی کے گمان (کی نشاندہی) سے عبارت ہے اور یہ گمان ان سارے وسائل و ذرائع کی شناخت و مطالعے کے بغیر پیدا نہیں ہوتا جنہیں مصنف شعوری یا لاشعوری طور پر معنی کی استقامت کے لیے استعمال کرتا ہے ...... لہٰذا جب تک میری نظر ان وسائل و ذرائع تک نہیں پہنچتی جو معنی کے کسی نئے گمان کی نشاندہی میں معاون ہوں میرا قلم تعبیر کی طرف مائل نہیں ہوتا...... یہی میری کم گوئی کا جواز ہے اور یہی ان مضامین کی تصنیف کا بھی......"

پیش لفظ کے ان اقتباسات کو ان کے مضامین کے مجموعوں کے عنوانات "بصیرتیں "، "پس تحریر" اور "معنی کا گمان" سے مربوط کر کے غور کیا جائے تو ایسا لگتا ہے کہ تنقید میں اُن کا مقصد کسی فن پارے کی تشکیل میں شامل اُس کے بنیادی عناصر کے تجزیاتی مطالعے (Structural study) کی وساطت سے اُس کے بطن میں پوشیدہ معنی و مفہوم کے امکانات کی نشاندہی کرنا ہے ...... نیز یہ کہ تنقیدی ذہن کی بلوغت کے ساتھ وہ فن پارے میں کسی مجرد اور قطعی معنی کی تلاش کے بجائے اُس کی ساختیاتی وحدت میں مضمر "نئے دیگر یا زائد (Reserved) معنی و مفہوم کے گمان" کے دریدین (Derridean) یارد تشکیلی تصور تک بھی آپہنچے ہیں۔ ہر چند کہ یہ نئی بصیرت ابھی تک ان کے تنقیدی طریقہ کار میں کوئی بڑی تبدیلی لانے سے قاصر رہی ہے۔ مگر شاید مستقبل میں نشانیات (Semiotics) سے مزید دلچسپی اور تحریری زبان کے لفظ مرکزی Logocentric

مزاج کا درک انہیں بحیثیت نقاد اس سمت پیش قدمی کرنے کی طرف مائل کر سکے...

اس مجموعے کا پہلا مضمون " فکشن الیکٹرانِک میڈیا کے تناظر میں " ہے جس میں اس بات کی طرف اشارہ کیا گیا ہے کہ فکشن کے تحفظ اور ترویج و ترسیل کے باب میں الکٹرانک میڈیا کس قدر نئے امکانات لے کر آیا ہے۔ بس فکشن کو ان نئے ذرائع سے ہم آہنگ کرنا ہے۔ ان کے خیال میں فکشن کو Websites پر لانے کے سلسلے میں اچھے بڑے کے امتیاز یا تنظیم و ترتیب کے مزاج و معیار وغیرہ کا بہت کم لحاظ رکھا جا رہا ہے۔ یہ کام ذمہ داری سے اور ان حضرات سے لیا جانا چاہیئے جو تحریری ادب اور میڈیا کے منفرد مزاج اور تقاضوں کا ادراک رکھتے ہوں۔

دوسرا مضمون " بیانیہ میں راوی کی مداخلت " ہے جو عزیز احمد کی ناولوں کے حوالے سے لکھا گیا ہے۔ Narratology کی یہ طرز ماضی کی ادبی اصناف مثلاً منظوم قصوں ، داستانوں ، مثنویوں اور لوک ناٹکوں وغیرہ میں بھی برتا جاتا رہا ہے یہاں تک کہ نذیر احمد اور سرشار کے یہاں بھی اس کے نمونے مل جاتے ہیں ، عزیز احمد کی ناولوں میں اس کی نشان دہی کرتے ہوئے خالد سعید نے اس کے محرکات پر غور کیا ہے اور اس نتیجے پر پہنچے ہیں کہ عزیز احمد نے اس اسلوبِ بیانیہ کو اپنا کر غالباً بیانیہ کے ایک قدیم اور معدوم ہوتے ہوئے طرز کی بازیافت کی کوشش کی ہے۔ مگر نہ صرف خود عزیز احمد کے ادبی نظریات بلکہ ان کی تصنیفات کے تہذیبی پس منظر اور کرداروں کی ذہنی سطح اور متمدن زبان و بیان نیز نشست و برخاست کو نظر میں رکھا جائے تو بیانیہ کا یہ مخصوص طرز کسی قدیم روایت کی بازیافت کے بجائے اُن دنوں تیزی سے روبہ فروغ بیانیہ کے نئے اسلوب " حقیقت نگاری " (Realism) کو ہی برتنے کی ایک پُرجوش مثال مانا جانا چاہئے ، جہاں راوی درمیان میں اس دیانت دارانہ اعتراف کے لیے بھی سامنے آنا

ضروری سمجھتا تھا کہ وہ کہاں کہاں اور کس باعث حقیقت نگاری سے قاصر رہا ہے۔ ویسے مضمون نگار کے دائرۂ بحث میں بھی یہ بات کسی حد تک آجاتی ہے۔ ہاں اس پہلو سے اس مضمون کی ستایش لازمی ہے کہ فکشن میں بیانیہ کے اس طرز کی روایت، اس کی شناخت اور اس کے محرکات پر اتنی مفصل اور پُر مغز گفتگو ایک مختصر مضمون کے دائرے میں شاید ہی کہیں اور لائی جاسکی ہو۔

عزیز احمد کی فکر کی تشکیل و ارتقاء اور ان کے آخری اور اپنے دور میں متنازعہ ناول "شبنم" سے متعلق اس مجموعے کے مضامین کا مخزن خالد سعید کی پی، ایچ، ڈی کے لیے لکھی گئی تھیس معلوم ہوتی ہے۔ اس اعتبار سے کہ عزیز احمد کا فکشن اور ان کی دیگر تحریریں ایک عرصہ تک ان کے خصوصی مطالعہ کا موضوع رہی ہیں، یہ غیر متوقع نہیں کہ ان مضامین میں وہ بالغ النظری اور علمیت و جامعیت ملے جس کی ایک ماہرِ موضوع سے توقع کی جاتی ہے۔ "شبنم" کے اپنے انتہائی جامع اور تفصیلی مطالعے میں مختلف نقادوں کی آراء سے بحث کرتے ہوئے وہ ناول کی اپنی تجزیاتی قرات کے ذریعہ چند نتائج اخذ کرتے ہیں جو اس عشقیہ تمثیل میں مضمر عزیز احمد کے تصور عشق و محبت کے ارتقاء سے متعلق ہیں۔ یہ ایک طرح سے عزیز احمد کی رومانیت یا فطرت پسندی اور عشق و جنس سے متعلق آزاد خیالی کا دفاع بھی ہے (اس دور میں ان پر عریاں نگاری اور Scandal writing جیسے لیبل لگائے گئے تھے)۔ اس مضمون کا ایک اقتباس پیش کیا جاتا ہے۔

"شبنم" اپنی معنویت اور پیرائے کی وجہ سے عزیز احمد کے تخلیقی سفر میں ایک اہم مقام رکھتی ہے۔ یہ محض عشق کی داستان نہیں بلکہ دو دبستانوں کی فکری کشمکش کی کہانی ہے، یہ محض ارشد علی خاں کے تصورات کی شکست کی کہانی نہیں تخلیقی سفر میں عزیز احمد کے

افکار کی تبدیلی کا اشارہ بھی ہے۔ناول "شبنم" ہو کہ "فسانۂ زریں تاج" ان دونوں کے مطالعے سے احساس ہوتا ہے کہ مغربی افکار سے پروردہ تصور عشق و جنس سے عزیز احمد نے اپنا دامن چھڑالیا ہے..."

ایک پہلو سے غور کیا جائے تو کسی ادیب کے تصور عشق و جنس یا اس کے فکری ارتقاء سے زیادہ یہ مسئلہ ادب میں Erotica سے جڑا ہوا ہے۔ Eroticism اور ادب (فکشن، شاعری) کا بڑا پرانا رشتہ ہے۔ مذہبی کتابوں میں بھی یہ کسی نہ کسی فارم میں موجود ہے - قصائص، داستان، مثنوی، Epics, Romances اور Ballads سبھی میں قارئین یا سامعین کی دلچسپی قائم رکھنے کے لیے Erotics کا اپنا ایک جائز یا ناجائز حصہ ہونے سے انکار نہیں کیا جا سکتا، کہیں اسے اخلاقیات کے بہ مقابل ایک Contrasting factor کے طور پر لایا گیا ہے، کہیں طاقتور اور باکردار کی آخری لغزش کے طور پر یا پھر فطرت انسانی میں پوشیدہ اُس کی جبلّتوں (Instincts) اور Learned behaviour کے درمیان مسلسل کشمکش کی نمائندگی کے لیے۔ بلکہ آج کے معیاری مغربی فکشن پر نظر ڈالی جائے تو ہنری مِلر سے لے کر گیبرل گارسیا مارکیز اور مِلن کندیرا تک (The Joke, The Tropic of Cancer, Being And nothingness , Love in the Times of Cholera) وغیرہ زیادہ تر ناول نگاروں کی تخلیقات میں فکشن، جنس، اور سیاسیات (Fiction, Eroticism and Politics) کا ایک دلچسپ مثلث دکھائی دیتا ہے۔ اِن سے یہ تاثر بھی ملتا ہے کہ جیسے تینوں انسان کی سماجی و معاشرتی زندگی کے ارتقاء کے ساتھ ہی ایک ناقابل تقسیم طور پر باہم مربوط ہو چکے ہیں۔ آج کے یہ تخلیق کار اپنے اطراف کی سماجی اور سیاسی صورت حال کو کسی نہ کسی جنسی صورتِ حال (Erotic situation) سے جوڑ کر دیکھتے ہیں اور اپنے بیانیہ میں اسے ایک دوسرے سے

Juxtapose کرنے کی طرف مائل دکھائی دیتے ہیں، یوں جنس ان کے فکشن میں ایک سیاسی استعارہ بن کر اُبھرتی ہے۔

اب عزیز احمد کے فکشن کے حوالے سے بات کی جائے تو یہ کہا جا سکتا ہے کہ وہ اُن دنوں بھی اپنی تحریروں میں بڑی حد تک Bold اور غیر روایتی معلوم ہوتے تھے۔ زیر بحث ناول "شبنم" میں بھی ایک ادھیڑ عمر کے مرد اور ایک کمسن لڑکی کے عشقیہ تعلقات کو Rationally سمجھنے اور پیش کرنے کی کوشش کی گئی ہے۔ گو کہ ایک روایتی معاشرے میں جہاں جنسی خواہش کا کھلے عام اظہار بہر حال غیر اخلاقی اور Scandalous ہی مانا جاتا ہے۔ اس موضوع پر لکھا ناول عموماً متنازعہ ہی قرار پائے گا۔ یہاں جو بات غور کرنے کی ہے، وہ یہ کہ عزیز احمد نے اپنے ذہن کی تمام تر رومانیت و جدّت کے باوجود جنس کے موضوع کو ایک مشرقی ادیب کی طرح ہی برتا ہے، چنانچہ اس رشتہ میں مضمر پیچیدگی اور تضادات سے عقلی یا نفسیاتی بحث پر ہی اکتفا کیا ہے، نہ کہ اسی دور کے آس پاس شائع ہونے والی کئی مغربی ناولوں جیسے کہ "Lolita" یا "The Hotel room" کے مصنفوں کی طرح ادھیڑ عمر کے مردوں کی نوخیز لڑکیوں کے لیے جنسی کشش کو Biological اور فطری اور اسی لیے جائز ٹھیراتے ہوئے اپنے Protagonists کو Sexual underdogs کہہ کر ان سے ہمدردی اور یگانگت جتانے اور ان کا بھرپور دفاع کرنے کی کوشش کی ہے......

اس بات سے شائد کم ہی لوگ اختلاف کریں کہ مغربی ادیبوں Thackeray، Zola یا Chekhov کی طرح ادب میں عزیز احمد کا بنیادی مسلک بھی سماجی حقیقت نگاری ہی تھا۔ کسی مخصوص دور کا معاشرہ یا اُس کی خارجی حقیقت تو تقریباً ہر اچھے ناول کے Ethos کی تشکیل کرتے ہیں مگر یادوں میں سمٹے پڑے ماضی کے منظر

نامے کو تخلیقی طور پر دوبارہ زندگی دے کر نئے منظر ناموں میں بدلتے وقت کون کتنا رومانوی یا حقیقت پسند ہو سکتا ہے ، یہ ہر ادیب کے اپنے اپنے جمالیاتی معیار اور ادبی تصورات پر منحصر ہے۔ عزیز احمد ہوں کہ بیدی یا قرۃ العین، ہر ناول نگار کے ساتھ شاید کچھ یوں ہوتا ہے کہ اُس کی بنیادی کہانی (Master Story) تو ہر بار کھو جاتی ہے اور جو کہانی لکھی جاتی ہے وہ اُس کھوئی ہوئی کہانی کی یاد ہوتی ہے۔ یعنی کہ کوئی کہانی اپنے آپ پوری طرح ایک منفرد ایجاد یا انکشاف نہیں ہوتی... یادوں میں بکھرے تجربات و احساسات جب مصنف کے ذہن میں ایک Pattern بنا کر اپنے اظہار کا مطالبہ کرنے لگتے ہیں تو اگلی کہانی کی شروعات ہو جاتی ہے... غرض کہ حقیقت ہے تو کہانی بھی ہو گی... شاید اسے ہی حقیقت کے گمان کا نام دیا جاتا ہے۔ چنانچہ وہم اور حقیقت کے درمیان وقوع پذیر ہونے والے اس کھیل کو مسلسل دیکھنا سوچنا اور بیان کرنا ایک صوفی کی طرح ایک ادیب کے تخلیقی عمل کا بھی بنیادی محرک کہا جاسکتا ہے۔ قرۃ العین حیدر کے ناول " چاندنی بیگم " کے حوالے سے تحریر کردہ خالد سعید کا مضمون " فکشن نان ہسٹری " بھی تخلیق کار بالخصوص ایک ناول نگار کے اُس کے فنی سروکار کے دوران ایسے مسائل سے اپنے اپنے منفرد انداز میں Negotiate کرنے سے متعلق ہی ہے......

یہ مضمون اس موضوع پر لکھے دوسرے مضامین سے بہت زیادہ مختلف نہیں کہ گذرا ہوا وقت اور حیات کا تسلسل یا تاریخ کی کروٹیں اور اس کے ساتھ تغیر پذیر انسانی معاشرہ ... بنیادی طور پر یہی خود بحیثیت ادیب قرۃ العین حیدر کا اپنا Preoccupation رہا ہے اور ان کے فکشن سے متعلق زیادہ تر مضامین کا موضوع بھی۔ البتہ اِس مضمون سے یہ التباس پیدا ہو سکتا ہے کہ جیسے وقت اور تاریخ کے تغیر اور تہذیب و کلچر کے باہم رشتوں کا ادراک ناول نگار کو ایک ذہنی ارتقاء کے نتیجے میں کار

جہاں دراز ہے کے بعد اور چاندنی بیگم کی تصنیف سے قبل ہوا... جب کہ ان کے ابتدائی کیریر کی پہلی اہم اور بعد تک اہم ترین تصور کی جانے والی تصنیف " آگ کا دریا" بھی گذرے ہوئے وقت، تاریخ کے پھیلاؤ اور زندگی کے تسلسل سے متعلق ان کے فلسفیانہ اور Panoramic ویژن کا ایک ناقابلِ فراموش فنی اظہار بن کر اُبھری تھی اور پھر بعد میں گردشِ رنگ چمن وغیرہ... ان باتوں سے قطع نظر مجھ جیسا قاری اس مضمون کے کسی قدر گُنجلک اور Repetitive ہونے کے احساس سے بھی نہیں بچ پاتا... قرۃ العین کے فکشن یا نان فکشن (Non-Fiction) "گردش رنگ چمن" "سفینۂ غم دل" اور "چاندنی بیگم" وغیرہ کے نو تاریخی (new-Historicist) یا ما بعد نو آبادیاتی(Post colonial) مطالعے بھی واقعی دلچسپ ہو سکتے ہیں، کیوں کہ تاریخ اور فکشن کے اتصال کی اس سے بہتر مثالیں پورے اردو ادب میں شاید ہی کہیں اور ملیں۔

اِس مجموعے کا جو مضمون تجزیاتی اور Structural مطالعے کے ضمن میں غیر معمولی اور اپنی مثال آپ ہے وہ " میلی چادر کے تانے بانے " کے عنوان سے بیدی کی ناولٹ کی ایک فلسفیانہ بصیرت افروز اور تخلیقی قرات ہے جو اس ناولٹ کے اساطیری پس منظر کی عطا کردہ گہری معنویت اور استعاراتی بیانیہ کے حُسن و اثر پذیری کو پوری طرح سامنے لاتی ہے۔ کم از کم میری نظر میں کوئی دوسرا مضمون نہیں جو فکشن کے ایک اعلیٰ نمونے کے طور پر بیدی کی اس ناولٹ کی تحسین و ترسیل کا اِس سے بہتر وسیلہ بن سکے۔ البتہ اِس کا افتتاحی حصہ جو اسی ناولٹ کی اساطیری معنویت کے بارے میں نارنگ صاحب کے تحریر کردہ مضمون سے علمی مگر طویل اور کسی قدر جارحانہ بحث پر مشتمل ہے، اس کی ایک ایسی توسیع (Supplement) کا تاثر دیتا ہے جس سے یہ سوچ کر مضمون کے حق میں گریز کیا جا سکتا تھا کہ تنقید کا دامن متضاد آراء اور گونا گوں

بصیرتوں کے لیے کبھی ناکافی نہیں ہو سکتا۔

فکشن کے علاوہ شاعری کی تنقید سے متعلق بھی اِس مجموعے میں کئی مضامین ہیں۔ "غالب کا شعور مرگ" میں مضمون نگار نے موت یا اُس کی خواہش کے موضوع سے متعلق غالب کے اشعار کی نشاندہی اور اُن کی تشریح کے ذریعے ان کے شعور مرگ پر ایک فلسفیانہ تبصرہ قلم بند کیا ہے جو دلچسپ ہے۔ شاعری سے متعلق ایک اور مضمون راشد کی نظم "زنجیر" کے بارے میں ہے جس کی تفہیم و تعبیر کے سلسلے میں بیک وقت Prosody کے پرانے اور نسبتاً نئے تمام اوزار استعمال کیے گئے ہیں۔ چنانچہ اس میں ایسی اصطلاحات کی بھر مار ہے، جیسے کہ قول محال، صوتی بہاؤ، طویل یا غنائی مصوتے، صوتی صوری و بصری تاثرات، لفظی تلازمے یا معنوی رعایت اور خارجی و ہئیتی ارتباط وغیرہ۔ مگر میرا اپنا خیال ہے کہ اس سے مضمون نگار کی شاعری کی قواعد اور اُس سے متعلق تنقیدی اصطلاحات سے وسیع تر واقفیت کا اندازہ تو ضرور ہو جاتا ہے مگر راشد کی شاعری سے انصاف دشوار ہے جو اپنے مخصوص مزاج کے باعث ایسے کسی Phonetic یا Syntactic Dissection کی متحمل نہیں ہو سکتی۔

مضامین کی فہرست میں مخدوم کی نظم "چاند تاروں کا بن" اور فیض کی "صبح آزادی" کے فارم اور اسٹرکچر کا تقابل مطالعہ بھی ہے جو ذہانت اور دِقت نظر سے کیا گیا ہے اور بیک وقت تجزیاتی اور اسلوبیاتی دونوں کہا جا سکتا ہے۔ یہ ایک منفرد اور قابل قدر تنقیدی مضمون ہے جسے پڑھ کر آپ اس نتیجے پر پہنچیں گے کہ حالاں کہ بحیثیت اسکالر خالد سعید کی توجہ زیادہ تر فکشن پر ہی مرکوز رہی ہے مگر اردو کی شعری روایت پر گہری نظر رکھنے اور خود بھی ایک حساس شاعر ہونے کے باعث ان کے شاعری کے مطالعے بھی منفرد اور قابل قدر ہیں۔ مخدوم کی شاعری سے متعلق ان کا ایک اور مضمون

"شاعرِ شکستِ نور و صدا" بھی ایسا ہی ایک مضمون ہے جسے مخدوم کی شاعری کی تعبیر و تفہیم کے ضمن میں ایک اضافہ قرار دیا جا سکتا ہے۔ یہاں انہوں نے غالباً پہلی بار مخدوم کی تمام تر شاعری کا تنقیدی جائزہ لیتے ہوئے اُسے ترقی پسندی کے محدود و مخصوص دائرے سے نکال کر عشق و محبت کے آفاقی احساس کی شاعری قرار دینے کی کامیاب کوشش کی ہے۔ اس مضمون کا ایک حصہ یہاں پیش کیا جا رہا ہے۔

"یہ طئے ہے کہ مخدوم کا شعری مزاج حُسن و عشق کی سرشاریوں سے ہم آہنگ رہا ہے۔ اپنے مجموعہ کلام "سرخ سویرا" سے لے کر آخری مجموعہ کلام "بساطِ رقص" تک یہ رنگ و آہنگ ان کے مزاج میں باقی رہا البتہ اس کی کیفیت و کمیت عہد بہ عہد بدلتی رہی ہے، مثلاً "گل تر" میں حُسن کی رعنائی اور جمالِ بدن کی شگفتگی کا احساس جس طرح پایا جاتا ہے وہ "سرخ سویرا" کی عشقیہ نظموں میں مفقود ہے۔ خصوصاً "گل تر" کی غزلیں عشق کے سرور اور بدن کے جمال کی بہترین مثالیں پیش کرتی ہیں۔ مخدوم کی شاعری دراصل عشق میں تنہا پڑ جانے والے انسان کی بپتا ہے۔ عشق نے انہیں شیفتگی اور شگفتگی بھی بخشی اور عشق نے ہی ان سے وہ شگفتگی چھین بھی لی۔ محبت نے انہیں سرشار کیا تھا اور محبت ہی نے انہیں بے کیف بھی کیا۔ عشق نے انہیں معمور کیا تھا اور عشق ہی نے انہیں ویران بھی کیا اور ویرانی بھی ایسی کہ انہیں ہر بزم میں خاموشی، ہر محفل میں سنّاٹا اور ہر گھر میں تنہائی نظر آنے لگی۔

کوئی دھڑکن، نہ کوئی چاپ، نہ کوئی سنچل، نہ کوئی موج، نہ ہل چل نہ کسی سانس کی گرمی، نہ بدن، ایسے سنّاٹے میں ایک آدھ تو پتہ کھڑکے، کوئی پگھلا ہوا موتی، کوئی آنسو، کوئی دل بھی نہیں، کتنی سنسان ہے یہ راہ گذر، کوئی رخسار تو چمکے، کوئی بجلی تو گرے (سنّاٹا۔ ۱۹۶۱ء)

رات ہی رات ہے سنّاٹا ہی سنّاٹا ہے، کوئی ساحل بھی نہیں کوئی کنارہ بھی نہیں، کوئی جگنو بھی نہیں کوئی ستارہ بھی نہیں، (وادی فردا۔۱۹۷۶ء)

اختتاماً میں یہ اعتراف کرنا چاہتا ہوں کہ پروفیسر خالد سعید کے اس تنقیدی مضامین کے مجموعے "معنی کے گمان" پر اپنے اس تبصرے کو میں کوزے میں آبشار کو سمیٹنے کے مترادف مانتا ہوں۔ یہ ان کے تنقیدی مضامین پر حسبِ استطاعت میرا اپنا رد عمل ہے جس سے اتفاق و انکار دونوں ممکن ہیں۔ چنانچہ ادبی تنقید سے شغف رکھنے والے حضرات کو چاہیے کہ اس کتاب کو حاصل کر کے اس سے استفادہ کریں۔ مجھے یقین ہے کہ ان کے لیے اس کتاب کا مطالعہ ایک مسرت آگیں اور سودمند علمی تجربہ ثابت ہو گا۔

***

اردو زبان اور اس کی ترویج اور فروغ سے متعلق مضامین

وطنیات

مصنف : سید مجاور حسین رضوی

بین الاقوامی ایڈیشن منظر عام پر آچکا ہے